반미가 왜 문제인가

반미가 왜 문제인가

반미가 왜 문제인가

홍성태 글 · 노순택 사진

반미가 왜 문제인가
ⓒ홍성태·노순택

지은이| 홍성태 글·노순택 사진
펴낸이| 박미옥
펴낸곳| 도서출판 당대

제1판 제1쇄 인쇄 2003년 12월 26일
제1판 제1쇄 발행 2004년 1월 5일

등록| 1995년 4월 21일(제10-1149호)
주소| 서울시 마포구 연남동 509-2, 3층   121-240
전화| 323-1316 팩스| 323-1317
e-mail| dangbi@chollian.net

이 책은『반미교과서』를 재발간한 것입니다.

'촛불시위'를 위하여

2002년이 끝나갈 무렵, 한 해를 차분히 마무리해야 할 그때에 전국은 또다시 '붉은 물결'로 뒤덮였다. 그러나 이번에는 지난여름처럼 '붉은악마'의 물결이 아니라 '촛불시위'의 물결이었다. 이번에는 열광과 도취의 물결이 아니라 추모와 분노의 물결이었다.

월드컵의 열기로 온 나라가 한창 뜨겁게 달아올랐을 때, 경기도 파주에서는 훈련중이던 주한미군의 장갑차에 여학생 두 명이 깔려죽는 참사가 일어났다. 그 처참한 죽음에 사람들은 저절로 가슴을 떨었다. 그리고 이런 짓을 저지른 미군의 잘못이 낱낱이 밝혀지고 응분의 처벌을 받을 것으로 기대했다. 그러나 이런 기대는 철저히 배신당했다. 미군의 잘못은 제대로 밝혀지지 않았으며, 사건을 일으킨 미군 두 명은 곧 미국으로 떠나버렸다.

월드컵 때처럼 시민들은 다시 거리로 나와 모였다. 손에 손에 촛불을 들고 주한미군의 잘못을 비판하고 억울하게 죽은 두 여중생의 영혼을 위로했다. 촛불은 단순히 어둠을 밝히는 것이 아니라 주한미군의 잘못을 드러내 보여주는 것이었다. 수십만 명의 사람들이 전국 곳곳에서 촛불을 들고 모여서 다시는 이런 잘못이 되풀이되지 않기를, 잘못을 저지른 자가 어떤 벌도 받지 않는 불평등한 관계가 바로잡히기를 염원했다.

촛불시위는 우리 사회가 얼마나 많이 변했는가를 보여주는 중요한 문화적 지표이다. 불평등한 한미관계는 한국사회를 지탱하는 한 축이다. 촛불시위는 더 이상 이러한 불평등한 관계를 용납할 수 없다는 시민의

의지를 보여주는 국민적 제의였다. 그것은 막연한 불안이나 불만의 소
산이 아니라 불평등한 한미관계에 대한 구체적 경험과 합리적 판단에서
비롯된 국민적 실천이었다.

촛불시위를 계기로 다시금 논란이 일기 시작했다. '미국인의 배신감'
운운하는 소리가 여기저기서 들려오기 시작했다. 북한의 남침으로부터
지켜주고, 경제성장과 민주화를 도와준 은혜를 저버렸다는 주장이었다.
이런 주장의 사실 여부가 심각한 논쟁거리이기도 하지만, 설령 그렇다고
하더라도 주한미군의 잘못이 없어지는 것은 아니다. 촛불시위는 그 잘
못을 밝히고 바로잡자는 뜻을 보여주는 것이었다. 만일 이런 촛불시위
를 보고 배신감을 느낀 미국인이 있다면, 그 사람이야말로 정말 자신의
배신감에 대해서 반성해야 하는 것이 아닐까?
'미국인의 배신감' 운운하는 자들은 '한국인의 배신감'에 대해서는 아무
런 관심도 기울이지 않는다. 한국인은 언제나 미국이 '보호자'라고 배웠
다. 그런데 그런 미국의 군대가 전국 곳곳에서 끊임없이 문제를 일으키
고 있다는 것, 그리고 주둔하고 있는 방식 자체가 심각한 문제를 안고 있
다는 것, 이제는 심지어 여중생을 죽이고도 아무런 처벌을 받지 않았다
는 것, 이런 사실에서 많은 한국인이 커다란 배신감을 느끼게 되었다. 그
리고 이 배신감은 한미관계에 뭔가 큰 문제가 있다는 깨달음으로 이어
졌다. 이런 깨달음이 촛불시위의 참된 원천이었다.
그럼에도 불구하고 '미국인의 배신감' 운운하는 자들은 촛불시위가 미
국에 대한 막연한 불안이나 불만의 소산이라고 주장했다. 나아가 촛불
시위의 바탕에는 '극단적 반미주의'가 깔려 있으며, 따라서 촛불시위는
한미동맹관계에 심각한 영향을 미칠 뿐만 아니라 한국경제에도 커다란
악영향을 끼칠 것이라고 경고했다. 뒤집어 말해서 이것은 "잘먹고 잘살

려면 미국에 맞서려 하지 말고 그냥 참고 살라"는 권고 아닌 권고였다. 한미관계에 심각한 문제는 없으며, 만의 하나 있더라도 그것은 우발적인 실수일 뿐이라는 낡은 주장이 곳곳에서 되풀이되었다.

촛불시위는 미국에 대한 우리의 태도와 인식에서 큰 변화가 있다는 것을 보여준다. 이에 대한 평가는 두 극단으로 나누어 살펴볼 수 있을 것 같다. 먼저 한 극단에는, 촛불시위는 '반미'라는 평가가 있다. 여기에는 정치적으로 상반되는 두 입장이 있다. 하나는, '반미'는 '반체제'라는 입장으로서 촛불시위는 즉각 중단되어야 한다고 주장한다. 또 하나는 '반미'는 '자주성'의 발현으로서 촛불시위는 더욱더 확산되어야 한다고 주장한다. 다른 한 극단에는 촛불시위는 '반미'가 아니라는 입장이 있다. 여기에도 상반되지는 않지만 구분할 수 있는 두 입장이 있는데, 하나는 순수한 '추모'의 뜻을 보인 것이라는 입장이고 또 하나는 '반미'는 아니어도 한미관계에 구조적인 문제가 있다는 것을 보여주었다는 입장이다.

실제 촛불시위는 복합적인 현상이었다. 강력한 '반미'의 입장을 가지고 촛불시위에 나선 사람이 있는가 하면, 순수한 추모의 뜻을 보이기 위해 촛불시위에 나선 사람도 있다. 그러나 대체적으로 보아서 한미관계에 구조적인 문제가 있다는 것을 부정한 사람은 거의 없었던 것 같다.

나는 이 점을 올바로 깨닫는 것이야말로 정말로 중요하다고 생각한다. 미국의 잘못에 대해 그처럼 많은 사람들이 뚜렷한 비판의 뜻을 밝힌 것은 이 나라에서 처음 있는 일이었다. 그리고 '반미'를 '반체제'나 '자주성'의 발현으로 보지 않는다면, 미국의 잘못에 대한 비판이야말로 '반미'의 출발점이자 핵심이다. 그것은 무엇보다 미국의 예외주의와 패권주의에 대한 비판이지만, 나아가 미국식 사회구조와 생활방식에 대한 비판이기도 하다.

촛불시위는 반미에 대한 우리의 상식을 뒤흔들어놓았다. 불평등한 한미관계를 당연시하던 기존의 상식은 더 이상 지탱될 수 없게 되었다. 미국정부도, 한국정부도 이런 변화 위에서 한미관계를 재정립해야 할 임무를 떠안게 되었다. 적당히 봉합하고 넘어갈 수는 없을 것이다. 그동안의 한미관계에서 명백히 종속적 위치에 서 있던 우리가 이제는 주체로 서야 한다는 것을 촛불시위는 분명히 보여주었기 때문이다. 이것이야말로 우리가 촛불시위에서 배워야 할 참으로 중요한 교훈일 것이다.

'반미'가 미국의 모든 것에 반대하는 것을 뜻하지는 않는다. 나아가 미국이야말로 '악의 제국'이므로 이 세상에서 없어져야 한다는 것을 뜻하지도 않는다. 대부분의 경우에 '반미'는 미국의 한계와 문제를 비판하고 바로잡으려는 실천행위이다. 이에 대해 극단적 반미주의로 매도하며 억압하려는 유치한 주장은 이제 그만두어야 한다.

이 책에 실린 글들은 지난 1997년부터 시작해서 최근에 이르기까지 여러 지면에 발표된 것들로, 몇몇 글들은 이 책을 위해 원고를 고치고 보완하는 과정에서 새로 썼다.

대부분의 글에서 나는 미국에 대한 불편한 감정을 드러내고자 했다. 이 때문에 내가 '극단적 반미주의'를 주장한다고 생각하는 사람도 있을지 모르겠다. 그러나 나는 '합리적 반미주의'를 주장하는 사람이며, 나의 모든 글도 그 범주에 속한다고 생각한다. 나의 불편한 감정은 모두 하나의 불쾌한 사실에서 비롯된 것이다. 불평등한 한미관계가 바로잡힐 때, 나의 감정은 한결 누그러들 것이다.

그리고 '우리에게 미국은 무엇인가'라는 주제로 사진작업을 하고 있는 노순택씨의 사진을 함께 곁들였다. 글과 또 다른 분위기로 미국을 말해주리라 믿어 마지않는다.

미국은 거대한 제국이다. 그러므로 이 세상의 온갖 문제가 미국과 무관할 수 없다. 이것이 현실이다. 이 현실을 올바로 보여주고 문제를 고치는 것이 참으로 어렵기만 하다. 이런 현실에 맞서서 문제를 고치기 위해 애쓰고 있는 당대출판사에 감사드린다. 나의 부족한 글들을 묶어서 한 권의 책으로 내주기로 한 데 대해서는 더더욱 감사드린다. 우리의 노력이 좋은 성과를 거둘 수 있기를 간절히 바란다.

2003년 3월 11일

원주의 상지대 연구실에서

홍성태

차례

반미가 왜

문제인가

반미가 왜 문제인가

미국과의 관계를 어떻게 풀어갈 것인가는 우리에게 대단히 중요한 문제다. 아니 오늘날 이 세상의 모든 나라에게 미국과의 관계를 어떻게 풀어갈 것인가는 대단히 중요한 문제다. 이 관계를 풀어가는 기준은 '우리의 이익'이다. 이 기준 위에서 대개의 나라는 '친미'와 '반미'를 적절히 버무린 정책을 펼쳐간다. 그런데 우리는 어떤가?

오랫동안 우리나라에서는 '반미'라는 말 자체가 일종의 금기어였다. 그것은 '친북'과 같은 뜻으로 여겨졌다. "미국은 북한의 침공으로부터 우리를 구해 준 은인이고, 이런 미국을 반대하는 것은 결국 북한을 이롭게 하는 것이다!" 그러나 역대의 독재정권이 모든 국민에게 강요한 이 엉터리 논리는, 미군이 점령군으로 우리나라에 들어왔다는 역사적 사실, 미군이 세계적으로 유례가 없는 불평등협정을 통해 우리나라에서 막대한 이익을 취하고 있다는 사실, 그리고 그로 말미암아 전국 곳곳에서 수많은 사람들이 무려 반세기가 넘는 세월 동안 큰 고통을 받고 있다는 사실을 무시하는 것이었다.

이승만부터 노태우까지 무려 44년에 걸쳐 이어진 역대의 독재정권은 근본적으로 정치적 정당성을 가지고 있지 않은 잘못된 정권이었다. 그들은 태생적으로 가지지 못한 정치적 정당성을 미국의 도움으로 보완하려 했다. 그러므로 역대의 독재정권 아래서 '반미'는 사실상 '반정권'과 같은 것이었고, 바로 이 때문에 그들은 반미를 '반국가'로 호도해서 막으려고 했던 것이다. 민주화운동의 과정에서 미국에 대한 비판적 인식이 커

'오만한 미국 규탄과 주권회복을 위한 10만 범국민 평화대행진'에 참여한 시민들이 대형 태극기를 펼치고 있다(서울시청 앞 광장, 2002. 12. 4)

지고, 급기야 반미로까지 이어졌던 데는 이런 역사적 정황이 자리잡고 있다. 또한 반미의 핵심은 평등한 한미관계를 이루는 것이고, 이런 점에서 반미가 민주화운동의 한 축이 된 것은 당연한 일이었다.

1980년대 말에 일본에서는 이시하라 신타로 등이 쓴 『노(No)라고 말할 수 있는 일본』이라는 책이 출간되어 커다란 반향을 불러일으켰다. 일본은 무조건 미국을 추종할 것이 아니라 '노'라고 말할 수도 있어야 한다는 것이 이 책의 핵심적인 요지이다. 최근에 독일의 슈뢰더 총리는 미국의 이라크 공격에 대해 단호히 반대한다는 뜻을 밝혔다. 비판의 목소리에 대해 그는 "친구 사이에 견해차이가 있다고 해서 우호관계가 손상되는 것은 아니다"며 반박했다고 한다. 도쿄도지사인 이시하라 신타로가 좌익인가? 독일수상 슈뢰더가 반미주의자인가? 물론 그렇지 않다.

'친미'가 '우리의 이익'을 위한 하나의 방법이라면 '반미'도 마찬가지다. 그럼에도 불구하고 우리나라에서는 오랫동안 친미만이 올바른 방법인 것처럼 여겨졌다. 친미라는 이름으로 사실은 친미지상주의 혹은 친미사대주의가 판을 쳐왔던 것이다. 바로 이런 잘못된 상황이야말로 우리나라에서 반미가 나타난 구조적 원인이다. 이제는 분명히 국민적 현상으로 자라난 반미는 무려 반세기도 넘게 이어져 온 불평등한 한미관계의 이면이다. '오만한 제국' 미국은 물론이고, 친미지상주의를 외쳐대는 이 땅의 엉터리 친미파나 지미파들도 이 사실을 결코 모르지 않을 것이다.

반미가 왜 문제인가? 불평등한 한미관계를 바로잡지 않는 한, 우리는 미국에 대해 반대하지 않을 수 없다. 미군이 한강에 독극물을 펑펑 쏟아부어도 처벌할 수 없는 현실, 미군이 여중생들을 압살하고도 태연할 수 있는 현실, 미군이 전국에서 수천만 평의 땅을 제멋대로 사용해도 아무런 제재를 할 수 없는 현실, 미국이 덕수궁 터에 고층빌딩을 짓겠다고 우기는 것을 막기 어려운 현실, 이런 불평등한 현실이야말로 우리가 해결

한국에서 미국은 오만한 제국이라는 지탄을 받기도 하지만, 일부에선 '혈맹' '구원의 나라'로 찬양되기도 한다. 이른바 '친미집회'를 벌인 극우단체 회원들(2003. 1. 19)

해야 할 시대적 과제이다.

반미가 왜 문제인가? 우리가 미국을 반대해야 하는 이유는 너무나 많다. 모든 국민이 다 잘 알고 있는 이 명백한 사실을 부인하는 것은 손바닥으로 하늘을 가리는 것과 같다. 불평등한 한미관계를 바로잡아서 '우리의 이익'을 지켜야 한다는 목소리는 날로 높아지고 있다. 누가 이 목소리에 귀를 막고 있는가? '오만한 제국' 미국과 이 땅의 친미파 혹은 지미파는 하루빨리 귀를 열고 잘못을 반성하고 바로잡아야 한다.

'보호자' 미군의 신화는 '해방군' 미군의 신화로부터 비롯되었다. 그러나 미국은 해방군이 아니라 점령군으로 이 땅에 들어왔다. 이렇게 해서 미국은 이 나라를 자신의 통치권 아래 확실히 잡아두고자 했던 것이다. 미국은 "종전 후에 한국민들이 즉시 스스로를 통치할 수는 없을 것"(probable inability of the Korean to govern themselves immediately following liberation)이라고 주장했다. 미국은 한국민이 즉각 독립국가를 세울 능력을 가지고 있지 않으며, 자신이 한국민을 도와서 그 능력을 키워줄 것이라는 논리를 폈다. 인도주의로 치장한 '제국주의'의 논리였다.

일제를 무장해제시키고 이 나라에 들어온 미군이 새로운 점령군이었다는 사실을 보여주는 자료는 많다. 그중에서도 중요한 것은 좌파가 주도한 조선인민공화국은 물론이고 우파민족주의의 대한민국 임시정부마저도 주권기관으로 인정하지 않았다는 사실을 들 수 있다. 이 때문에 김구 선생은 개인 자격으로 귀국하는 수모를 겪어야 했다. "조선인민에게 고함"이라는 제목의 태평양방면 육군총사령관 맥아더 명의의 포고령 제1호는 "북위 38도 이남의 조선영토와 조선인민에 대한 모든 행정권은 당분간 본관의 권한하에 시행된다"고 밝혔다. 독립국가 대신에 미군정이 들어선 것이다. 그러나 미군은 이 땅에 대해 올바른 정책은 물론이거니와 올바른 정보도 제대로 갖추고 있지 못했다. 이 때문에 미군은 일제 총독부의 행정기구와 부역관리들을 인계받아 군정을 이끌어가야 했다. 단순히 독립이 지연된 것이 아니라 일제가 되살아난 것이다. 이렇게 해서 친일파는 미국을 등에 업고 다시 지배세력이 될 수 있었다.

친미파는 크게 두 종류로 나눌 수 있다. 하나는 친일파, 정확히 말해서 일본제국주의의 부역자에서 친미파로 변신한 박쥐족이다. 미국은 일제로부터 넘겨받은 점령지를 효율적으로 통치한다는 명분으로 친일파를 다시금 지배세력으로 만들어주었다. 역사의 물결이 거꾸로 흐르게 되었던 것이다. 미국은 좌파뿐만 아니라 민족주의까지도 받아들이려 하지 않았다. 결과적으로 미국과 손을 잡을 수 있었던 것은 친일파뿐이었다. 친일파에게만 미군은 '해방군'이었다.

또 하나는 힘의 논리를 좇아서 당연히 미국을 따르게 된 친미파이다. 좋게 말해서 현실주의적 친미파라고 할 수 있겠다. 이들은 미국이 세계에서 가장 돈 많고 힘이 센 나라이니까, 우리가 잘사는 길은 이 나라를 잘 따르는 길밖에 없다고 주장한다. 이것은 얼핏 마키아벨리적인 힘의 논리로 보이지만, 그러나 실상은 주인이 시키는 대로 따르는 굴종의 논리이다. 자의식과 자존심을 갖추고 삶의 가치를 진지하게 추구하는 인간의 논리가 아니라 주인의 명에 따라 이리 구르고 저리 구르는 개새끼의 논리이다. 시대가 바뀌어 일본이 다시금 동북아의 패자가 된다면, 현실파는 당연하게도 친일파로 모습을 바꿀 것이다.

결국 문제는 '천박한 현실주의'이다. 현실을 운운하며 문제를 문제로 여기지 않는 태도야말로 가장 나쁘고 잘못된 것이다. 모름지기 사람은 잘못을 비판하고 바로잡으려 애쓰는 법이다. 잘못을 회피하거나 혹은 잘못에 길들여지는 것은 짐승의 태도이다.

우리는 '반미'를 이런 관점에서 보아야 한다. 그것은 미국의 잘못을 비판하고 바로잡으려는 노력의 소산이다. 반미를 무조건 잘못된 것으로 여기는 것은 짐승처럼 살라고 우기는 것과 같다. 생각하는 능력이 부족해서 이런 어리석은 주장을 할 수도 있다. 이런 사람들에게는 사람답게 살 수 있는 희망이 있다. 가장 나쁜 것은 교활하게도 자기의 이익을 챙기기 위해 반미를 무조건 잘못된 것이라고 우기고 친미만이 우리의 살길이라고 외치는 자들이다.

반미운동의 형성과 변천

큰 나라일수록 적이 많은 법이다. 미국은 자본주의세계의 패자였으며, 이제는 그냥 세계의 패자이다. 세계의 모든 나라에서 미국을 비판하는 목소리를 들을 수 있으며, 미국의 패권에 맞서 싸우는 사람들을 볼 수 있다. 큰 나라일수록 자국의 부와 힘을 유지하기 위해 다른 나라들을 더 많이 이용해야 한다. 그렇기 때문에 큰 나라일수록 적이 많은 법이다.

우리나라에는 수만 명의 미군이 주둔하고 있고, 전국의 각지에는 90개가 넘는 미군기지가 널려 있다. 심지어 수도 한복판인 용산에도 100만여 평이나 되는 엄청난 크기의 미군기지가 자리잡고 있다. 미군은 막강한 군사력으로 한국의 보호자를 자처해 왔다. 그러나 이 보호자는 아주 패악스러워서 우리에게 너무 많은 대가를 요구해 왔고, 오랫동안 한국은 이 보호자의 요구를 그대로 들어주었다.

미국의 패악은 세계적으로 널리 알려진 것이라서, '반미운동의 불모지'라는 지적은 분명히 명예스러운 것은 아니었다. 그럼에도 불구하고 한국은 오랫동안 이렇게 불려야 했다. 그 까닭은 이 나라가 민주국가가 아니었기 때문이다. 독재세력은 부족한 정치적 정당성을 미국의 힘을 빌려 메우려 했다. 바로 이러한 독재세력 때문에 이 나라에서 오랫동안 반미는 반국가와 같은 것으로 여겨졌고, 독재세력은 자신을 지키기 위해 반미를 가차없이 탄압했던 것이다.

그러나 거짓을 언제까지나 감출 수는 없는 법이다. 독재가 무너지고 민주화가 이루어지면서 자연스럽게 반미운동도 펼쳐지기 시작했다. 다

EMBASSY
UNITED STATES OF AMERICA

른 사회운동과 마찬가지로 이 또한 이 사회의 문제를 바로잡고, 이 사회를 더 좋은 사회로 만들기 위한 시민의 자발적이고 자구적인 몸부림의 소산이었다.

1980년부터 지난 20여 년 사이에 한국의 반미운동은 크게 세 단계를 거치며 변해 왔다. 첫째, 정치적 반미운동의 전개이다. 이것은 광주민주화운동에 대한 전두환일당의 무자비한 진압을 '우방'인 미국이 '방조'함으로써 사실상 '지원'했다는 깨달음에서 비롯되었다. 1983년의 부산미문화원 방화사건, 1985년의 서울미문화원 점거농성은 이러한 정치적 반미운동의 대표적인 예이다. 뒤이어 1986년에는 '반미자주화 반파쇼 민주화 투쟁위원회'(자민투)가 결성되어, 정치적 반미운동을 전면에 내세운 정치투쟁을 펼치기 시작했다. 정치적 반미운동은 우방이라는 허울 뒤에 숨어 있던 미국의 실체를 적나라하게 드러내 보이고, 미국의 문제를 널리 알리기 위해 헌신적으로 싸웠다는 점에서 역사적으로 큰 의미를 지니는 운동이었다. 그러나 그것은 북한의 시대착오적인 주장을 주요한 이론적 전거로 삼았으며, 나아가 직접적으로 북한의 지령에 따라 움직이기도 했다는 점에서 적지 않은 문제를 지닌 운동이기도 했다.

둘째, 생존권적 반미운동의 전개이다. 정치적 반미운동은 미국의 문제를 드러내 보이고 그에 맞서 싸우는 길을 연 운동이었으나, 북한과의 깊은 연관 때문에 문제를 대중화해서 잘못을 바로잡는 데까지 이르지는 못했다. 이러한 정치적 반미운동의 성과 위에서, 또한 이와는 사뭇 다른 연원을 갖는 새로운 반미운동이 펼쳐지기 시작했다. 불평등한 한미관계 아래서 제대로 보호받지 못하는 생명과 재산을 지키기 위한 시민의 자연발생적인 운동으로 생존권적 반미운동이 시작된 것이다.

90년대 초부터 본격적으로 펼쳐지기 시작한 이 운동은 운동의 근원과 동력을 북한의 이론에서 찾지 않는다는 점에서 정치적 반미운동과 크게 다르다. 생존권적 반미운동은 미국이 이 나라에서 취하고 있는 엄청난 경제적 이득과 그로 말미암아 우리가 치러야 하는 엄청난 생명과 재산의 대가에 초점을 맞춘다. 여기서 가장 중요한 것은 전국에 널려 있는 미군기지들이 빚어내고 있는 각종 문제들이다. 2002년 9월 현재 미군은 7300만 평에 이르는 엄청난 크기의 땅을 제멋대로 이용하고 있다. 정작 땅의 소유자들은 아무런 소유권도 행사할 수 없는 상황이다. 문제는 단순히 땅의 소유와 관련된 경제적 차원에 그치지 않는다. 미군은 땅을 오염시켜서 주변 주민들의 삶을 어렵게 만들고, 각종 훈련과정에서 주변 주민들의 건강과 심지어 생명을 해치고 있다. 이 나라에서 미군기지 옆에서 살아간다는 것은 말 그대로 목숨을 걸고 살아가야 하는 것을 뜻한다. 이런 상황에서 반미운동이 펼쳐지지 않는 것이야말로 이상한 일이고 잘못된 일일 것이다. 미국인들이 그토록 칭송해 마지않는 '자위권'의 관점에서 보더라도 생존권적 반미운동은 더욱 널리 펼쳐져야 한다.

셋째, 문화적 반미운동의 전개이다. 90년대 초의 미군기지 반환운동으로 촉발된 생존권적 반미운동은 '반미운동의 대중화'의 첫걸음이라고 할 수 있다. 이 점에서 정치적 반미운동의 문제와 한계를 넘어선 새로운 반미운동의 시작이라는 의미를 지닌다. 그러나 생존권적 반미운동은 여전히 정치적 반미운동과 깊은 연관을 맺고 있기도 하다. 이것은 정치적 반미운동이 생존권적 반미운동의 가장 강력한 후원자였다는 사실에서 비롯되는데, 중요한 것은 이 때문에 생존권적 반미운동의 대중화에 커다란 한계가 생겼다는 점이다.

문화적 반미운동은 2001년의 동계올림픽에서 김동성 선수가 미국의 오노 선수에게 금메달을 빼앗기면서 촉발되었다. 이는 '9·11공격사건'에서 실추된 권위를 되찾으려는 미국의 욕심이 오히려 미국의 실체를 여

지없이 드러내면서 진정한 '반미운동의 대중화'를 이루어준 사건이었다. 헐벗고 굶주린 시대를 살아서 미국에게 무조건 머리를 조아렸던 부모세대와 달리, 지금의 젊은 세대는 물질적 풍요를 누리며 살고 있으며 문화적으로 자부심에 차 있는 세대이다. 9·11공격사건이 미국인의 참으로 허황한 자부심에 상처를 입혔다면, '오노 사취사건'은 우리의 젊은 세대의 확실한 근거를 가지고 있는 자부심에 상처를 입혔다. 이로써 젊은 세대의 문화운동으로서 반미운동이 널리 펼쳐지기 시작했다. 본격적인 반미운동이 재개된 지 20년 만에 이 땅에서 반미운동은 다시금 명실상부한 대중운동으로 자리잡게 된 것이다.

지난 20년 동안 이 땅에서 펼쳐진 반미운동의 역사는 우리에게 우선 두 가지 사실을 가르쳐준다. 첫째, 반미운동은 막연히 미국을 싫어하는 사람들이 미국에 대한 불신과 미움을 조장해서 생겨난 운동이 아니라는 것이다. 유감스럽게도 대다수의 미국인은 반미운동을 이런 것이라고 생각한다. 자기네는 참 착하고 좋은 사람들인데, 이 세상에는 악마의 꾀임에 속은 사람들이 있어서 자기네를 괜히 미워한다는 것이다. 참으로 유감스러운 일이지만 대다수 미국인의 정치의식이란 이런 정도의 수준이다. 그렇기 때문에 부시 부자와 같은 전쟁광들의 선동에 쉽게 속아넘어가는 것이다. 그러나 역사가 우리에게 가르쳐주는 것은 미국의 오만과 편견이 반미운동의 원천이라는 사실이다.

둘째, 반미운동을 정작 당사자인 미국보다 더 싫어하는 세력이 우리나라에 있다는 것이다. 미국은 반미운동에 큰 주의를 기울이고 조심하기는 하지만, 그렇다고 반미운동 자체를 악마시하지는 않는다. 그러나 미국의 힘을 빌려 호가호위했던 독재세력은 반미운동의 확산은 곧 자신의 존립기반이 무너지는 것과 같기 때문에 반미운동 자체를 악마시했다. 그들은 '반독재'를 '반국가'와 같은 것으로 여기도록 했으며, 그 연장선에서 반미운동을 원천적으로 진압하려 했다. 이제 독재세력은 크게 약해졌다. 그러나 그 곁에서 '미국사대주의'를 퍼트렸던 친미파나 지미파는 여전히 건재하다. 이들은 자신의 특수한 이익을 위해 반미운동에 비난을 퍼붓고 미국사대주의를 퍼트린다.

20년의 세월이 지나며 반미운동이 명실상부한 대중운동으로 성장한 것은 커다란 변화이다. 이러한 변화는 단순히 피해자들의 권리를 좀더 보호할 수 있게 되었다는 차원을 넘어서, 이 사회 자체가 더욱더 성숙한 사회가 되었다는 것을 뜻한다. 그러나 아직도 갈 길은 멀다. 반세기가 넘게 미국이 이 나라에서 누려왔던 특권을 바로잡아야 하기 때문이다. 이 점에서 반미운동은 이 사회를 진정한 근대적 평등사회로 만드는 운동이기도 하다. 우방이라는 이름으로 미국의 특권을 그대로 인정하는 한, 그렇게 해서 그 특권에 기생하는 세력들이 번성하도록 내버려두는 한, 이 사회는 전근대적 특권사회에서 벗어날 수 없다.

'미국문제'를 해결한다고 해서 이 사회가 갑자기 더 좋은 사회가 되지는 않을 것이다. 그러나 미국문제는 이 사회를 더 좋은 사회로 만들기 위해 반드시 해결해야 할 역사적 과제이다. 그러므로 수많은 사람들의 희생 위에서 이제야 본격적인 대중화의 길에 들어선 반미운동의 의미와 가치를 잘 살려야 한다.

반미운동은 아주 오랜 역사를 가지고 있으며, 세계 모든 나라에서 볼 수 있는 사회운동이기도 하다. 그런 만큼 그 목표와 방식은 대단히 다양하다. 다시 말해서 모든 반미운동을 같은 것으로 여기고 부정하거나 찬동하는 것은 잘못이다.

반미운동의 목표는 미국이라는 나라를 없애야 한다고 주장하는 것에서부터 단순히 미국의 잘못을 지적하는 것에 이르기까지 폭넓게 펼쳐져 있다. 그러나 이 모든 것의 바탕에는 미국의 탐욕과 패권이 자리잡고 있다. 할리우드 영화에서 제아무리 미국을 좋은 나라라고 선전해도, 그런 면을 완전히 부정하는 것도 분명히 잘못이지만, 미국이라는 나라가 탐욕과 패권 위에서 만들어졌다는 것은 분명한 역사적 사실이다. 이로부터 비롯되는 문제들을 바로잡지 않는다면, 반미운동은 어디서고 일어날 것이고 언제까지고 이어질 것이다.

반미운동의 방식도 대단히 다양하다. 미국의 정체를 알리기 위한 다양한 저술활동이 펼쳐지는가 하면, 미국의 탐욕과 패권에 직접 맞서서 싸우는 운동도 펼쳐진다. 반미운동이라고 하면, 테러나 극단주의를 떠올릴 필요는 없다. 오히려 우리가 주의해야 할 것은 반미운동을 무조건 테러나 극단주의로 몰아가는 세력이 있다는 것과 그들의 속셈은 자신의 잇속을 챙기는 데 있다는 것이다. 그리고 반미운동의 주류는 미국의 한계와 문제를 깊이 있게 연구하고 평화적으로 해결하려는 노력이라는 것을 잊지 말아야 한다.

2003년 2월 15일 세계 각지에서 동시에 열린 반전시위에서도 잘 알 수 있듯이, 반미운동의 직접행동에서 가장 중요한 방식은 여론을 모아 미국의 잘못을 비판하고 바로잡으려는 방식이다. 그리고 미국은 이런 여론을 무시함으로써 반미운동의 원천이 어디에 있는가를 다시 한번 분명하게 보여주었다. 극단적인 직접행동조차 이러한 미국의 무시와 밀접한 관계를 가지고 있다는 것을 잊지 말아야 한다.

반미주의 그리고 우리의 발전

오늘날 미국은 어떤 나라인가? 다시 말할 것도 없이 이 나라는 세계에서 돈이 가장 많은 나라이고 또한 힘이 가장 센 나라이다. 모든 나라가 이 나라의 영향을 받고 있으며, 어떤 나라도 이 나라를 무시하고 존립할 수 없다. 이 세계에 제국이 있다면, 그것은 오직 미국뿐이다. 그러므로 미국의 잘못을 바로잡지 않는다면, 세계가 위험에 처하게 될 것이다. 미국은 이 세상의 모든 사람에게 큰 영향을 미치고 있기 때문에, 이 나라의 문제에 대해 말하고 맞서는 것은 모든 사람의 권리이자 의무이다.

오늘날 우리에게 미국은 어떤 나라인가? 오랫동안 우리는 이 나라를 '보호자'로, 심지어 '구세주'로 여기고 살아왔다. 이 나라를 비판하는 것은 고사하고, 이 나라에 대해 눈을 흘기는 것조차 허용되지 않는 분위기였다. 그러나 세월이 흐르고, 세상이 바뀌었다. 이제 우리는 미국을 구세주는 물론이고 보호자로도 여기지 않는다. 그렇다고 미국이 '동맹'이라는 사실을 부정하는 것은 아니다. 오히려 우리는 '진정한 동맹'이 되어야 한다고 생각한다. 한쪽이 보호자나 구세주로 여겨지는 관계는 결코 진정한 동맹이라고 할 수 없다. 이제 이런 비정상적인 관계를 청산해야 한다. 도울 것은 돕고, 잘못된 것은 고치는 정상적인 관계를 이루어야 한다.

미국에 대한 다른 나라 사람들의 태도는 흔히 부러움과 두려움이라는 모순된 형태로 나타난다. 미국은 단순히 부러운 나라가 아니라 두려운 나라이기도 하며, 또한 단순히 두려운 나라가 아니라 부러운 나라이기도 하다. 그러나 부러움의 원천은 두려움을 자아내는 저 막강한 힘이다. 미국을 그저 부러운 나라로 칭송하는 자들은 이런 사실을 철저히 은폐한다. 현실에 대한 올바른 이해를 막는 것이다. 우리는 미국을 두려워해야 한다. 부시는 그 까닭을 너무나 잘 보여주고 있다. 세계에서 가장 돈 많고 힘센 나라가 자기 뜻을 관철하기로 마음을 먹으면 어떤 일이 벌어질 수 있는가를 확실하게 보여주고 있다. 미국의 이익을 위해 수십만, 수백만 아니 수천만 명의 목숨이 삽시간에 사라질 수도 있는 것이다.

세계적으로도 그렇지만, 우리 안에도 미국을 보는 여러 관점들이 있다. '반미'를 말하는 것만으로도 '적'으로 처벌받던 시절이 있었지만, 이제는 적어도 그런 시절은 지나갔다고 말할 수 있다. 반미를 말하는 것은 분명히 우리의 권리이다. 오랫동안 누릴 수 없었던 이 당연한 권리를 이제야 우리는 누릴 수 있게 되었다. 이 점에서 우리 사회가 '발전'했다고 말해도 좋을 것 같다.

미국관은 크게 친미와 반미 둘로 나눌 수 있다. 그러나 이렇게 양분하는 것은 복잡한 세상을 너무나 단순화하는 것이다. 우리 사회에는 다양한 미국관이 있다는 것을 인정할 필요가 있다. 이러한 변화는 고도성장을 바탕으로 이루어진 우리 사회의 다양화를 반영하는 것이기도 하다. 그러나 친미와 반미의 구분은 여전히 본질적인 의미를 지닌다. 이런 점을 고려해서 우리는 미국관을 크게 네 종류로 나누어볼 수 있다.

먼저, 친미 쪽은 '숭미파'와 '지미파'로 나눌 수 있을 것 같다. 숭미파는 한마디로 미국에 대해서는 무조건 고개를 숙이고 떠받들어야 한다고 주장하는 사람들이다. 이들에게 미국은 단순히 돈 많고 힘센 나라가 아니라 그냥 '지상낙원'이다. 불행하게도 오랫동안 이 나라를 지배해 왔던 것은 바로 이 사람들이다. 국내상황으로 보자면, 이들은 박정희로 대표되는 개발독재세력이다. 이들은 원천적으로 결여된 정치적 정당성을 미국

이라는 '공인'된 '자유세계의 맹주'로부터 승인받고 지원받는 것으로 보완하려고 했다. 그러므로 개발독재세력에게 숭미는 숙명과 같은 것이었다. 잘 알다시피 이들은 자신의 숙명을 전국민에게 강요했다. 이 나라가 오랫동안 '반미의 불모지대' 아니 '숭미의 무풍지대'로 여겨졌던 것은 이 때문이다.

지미파는 80년대를 지나며 점차 반미의 흐름이 커지면서 새롭게 나타난 친미파이다. 숭미파가 무조건 미국을 따라야 한다고 주장하는 반면에, 지미파는 미국의 한계와 문제를 인정하는 척하면서 친미의 의의와 가치를 논증하고 설파하려 애쓴다. 이러한 지미파의 논리 중에서 가장 최근에 나타난 것으로 이른바 '글로벌 스탠더드'론을 들 수 있다. 현실사회주의의 몰락과 함께 본격적인 지구화시대를 살게 되었고, 이 시대를 주도하는 것은 역시 가장 돈 많고 힘센 미국이며, 미국이 이런 나라가 된 것은 능력이 뛰어나기 때문이며, 따라서 우리가 잘살기 위해서는 미국화해야만 한다는 것이다. 지미파에게 미국의 패권주의나 부패 같은 문제는 어디까지나 사소한 것이다. 미국은 아무튼 세계에서 가장 잘난 나라이다.

이 점에서 보자면, 지미파는 그저 '겉옷을 갈아입은 숭미파'라고 해도 좋을 것이다. 예컨대 미군이 한강에 독극물을 풀었을 리 없다고 강변하는 사람이 전형적으로 낡은 '친미파'라면, 미국을 "있는 그대로 파악할 필요가 있다"면서 반미주의를 '무책임한 반지성적 태도'로 몰아치는 사람이 새로운 '지미파'라고 하겠다. 둘 사이에 어떤 차이가 있는가? 주장의 형태에서 차이는 보이지만, 그러나 그 내용에서는 실질적인 차이가 없다.

반미 쪽은 '비미파'와 '극미파'로 나눌 수 있다. 비미파는 미국의 한계와 문제를 비판하고 체계적으로 대응해야 한다고 주장한다. 미국이 우리에

한 네티즌의 제안으로 시작됐던 촛불시위는 들불처럼 퍼져 온 나라를 밝혔다. 광화문은 '촛불시위'의 메카로 자리잡았다(광화문 네거리, 2002. 12. 7)

게 미치는 영향이나 세계체계에서 차지하는 지위를 인정하되, 이 때문에 빚어지는 여러 문제들을 바로잡는 것이 대단히 중요하다고 보는 것이다. 그렇다고 해서 이것을 이를테면 '비판적 지지'로 보는 것은 잘못이다. 비미파는 미국에 대한 지지를 전제로 해서 미국을 비판하지 않는다. 지지를 할 수도 있겠지만, 그것은 판단의 전제가 아니라 결과이다. 비미파의 전제는 '미국예외주의'에 대한 부정이다. 세계체계에서 미국이 우월적 지위를 차지하고 있는 것은 분명하지만 그렇다고 해서 미국에게 특권을 허용하는 것은 명백한 잘못이다. 친미파의 일반적인 문제는 이러한 특권을 용인하고, 그런 다음에 이 특권에 편승해서 이익을 챙긴다는 데 있다.

극미파는 더 적극적으로 미국의 한계와 문제를 바로잡아야 한다고 주장한다. 한마디로 미국은 '극복대상'이라는 것이다. 분명히 비판하는 것만으로 미국의 한계와 문제를 바로잡기는 어렵다. 이 점에서 극미파는 비미파에 비해 '직접행동'을 더욱 강조하는 입장이라고 할 수 있겠다. 그런데 여기에는 여러 종류의 실천들이 포함될 수 있다. 그것은 극단적인 폭력행위에서 우리의 촛불시위에 이르기까지 폭넓은 스펙트럼을 가지고 있다.

친미파는 이런 스펙트럼을 무시한다. 그들이 촛불시위에서 '극단적인 반미주의'를 읽는 것은 이 때문이다. 그들은 촛불시위에 참여한 수많은 사람들을, 심지어 칠순 노인네와 열살 어린애까지도 '잠재적인 테러리스트'로 본다. 이렇게 터무니없는 주장을 펴는 사람들이 아직도 이 사회에는 널려 있다. 그러나 잘 알다시피 그들은 갈수록 줄어들고 있고, 이 사회는 계속해서 발전하고 있다.

미국을 보는 관점, 나아가 미국을 대하는 태도의 변화는 지난 30년간 우리 사회에서 이루어진 거대한 구조적 변화와 밀접한 관계를 맺고 있다. 이것은 최근의 한국에서 나타난 '반미현상'을 이해하는 데 대단히 중요하므로 여기서 잠깐 살펴보도록 하자.

우리는 70년대를 지나며 가난한 농업사회에서 가난의 문제가 어느 정도 해결된 공업사회로 옮아갔으며, 다시 80년대를 지나며 물질적 부족보다 물질적 풍요가 더 큰 문제인 서구형 소비사회로 옮아갔다. 1인당 국민소득의 변화에서 이런 구조적 변화를 유추해 볼 수 있다. 1970년 280달러 정도이던 1인당 국민소득은 1980년에 1200달러를 넘었고, 다시 1990년에는 7000달러에 육박하게 된다. 이것은 20년이라는 짧은 시간에 가난한 농업사회가 부유한 공업사회로 바뀐 결과이다. 80년대 중반 이후, 특히 90년대부터 우리가 분명하게 느끼고 있는 다양한 정치적·문화적 변화는 모두 이러한 물질적 변화를 바탕에 두고 있는 것이다.

이런 변화와 함께 한미관계의 비정상성이 중대한 사회문제로 떠오르게 되었다. 지금의 한미관계는 우리가 몹시 가난했던 시절에 해방 후의 혼란과 한국전쟁이라는 극단적인 상황을 거치면서 형성된 것이다. 비록 불가피한 것이기는 했어도 그것은 분명히 불평등한 것이었다. 세월이 흐르고 우리는 그야말로 피땀을 흘려 일했다. 그 결과 세계가 놀라는 고도성장을 이루었고, 정치적 민주화 또한 이룰 수 있었다. 이런 변화에 힘입어 불평등한 한미관계가 중대한 사회문제로 떠오르게 된 것이다. 전에는 말하고 싶어도 정치적으로 말할 수 없었고 경제적으로 참을 수밖에 없었으나, 이제는 그런 상황적 조건들이 거의 사라진 시대가 되었다. 누구나 문제를 문제로 말하고 고치기 위해 애쓸 수 있는 시대가 되었다.

반미현상이 분출하는 바탕에는 이런 거대한 변화가 자리잡고 있다. 그것은 한국사회가 발전한 결과이다. 그러므로 판에 박힌 감언이설이나 귀에 못이 박히도록 들어온 공갈협박으로는 이 현상을 가라앉힐 수 없다. 그 방법은 오직 하나, 잘못을 바로잡는 것뿐이다.

<매쉬>(M*A*S*H)라는 영화가 있다. 1970년에 발표된 알트만 감독의 작품으로, 한국전쟁시기의 야전병원을 소재로 해서 당시의 미군과 베트남전쟁을 비판한 대단히 뛰어난 블랙코미디라는 평가를 받았다. 같은 제목의 텔레비전 드라마가 있다. 오랫동안 주한미군 텔레비전 방송을 통해 방영되었기 때문에 이 드라마를 본 사람이 아마 많을 것이다. 나도 70년대에 이 드라마를 몇 번인가 본 적이 있다. 이 드라마는 미국인들에게 한국의 이미지를 심어주는 데 크게 이바지했다. 그런데 그 이미지는 전쟁으로 폐허가 된 지독히 가난한 한국의 모습이다. 요즘의 소말리아나 아프가니스탄을 보면서 우리가 느끼는 비참함을 <매쉬>는 미국인들에게 느끼게 했을 것이다. 그런데 우리는 분명히 바뀌었는데, 우리를 보는 많은 미국인들의 눈은 그렇지 않은 모양이다. 사라진 줄로만 알았던 <매쉬>를 우리는 2002년 말에 개봉된 <007 어나더데이>에서 어렵지 않게 확인할 수 있다.

더 큰 문제는 우리 안에 시대착오적 '매쉬파'들이 있다는 것이다. 물론 우리는 여러 이질적이고 대립하는 가치들이 공존하는 다양성의 시대를 살고 있다. 매쉬파들도 이런 다양성의 한 요소이다. 그러나 이들은 언제나 친미만 강요하고 반미를 터부시한다는 데 문제가 있다. 이들은 다양성을 거부하고, 이런 점에서 우리 사회의 '발전'을 거부하는 것이다. 물론 우리 사회의 발전과 함께 이들의 힘은 크게 줄어들었고, 발전이 계속되는 한 이들의 힘은 계속 줄어들 것이다. 그러나 이들의 힘은 아직 크다. 그리고 미국은 '특권'을 계속 유지하기 위해 이 힘을 이용하고 있기도 하다. 잘못을 바로잡는 것이 결코 쉽지 않다는 것을 잘 알고 있어야 한다.

소파개정 촉구 시위를 벌이다가 경찰의 진압에 쫓긴 문정현 신부가 쓰레기차 위에 올라가 "전면적인 소파개정"을 외치고 있다 (2000. 12. 12)

S☆FA

반미는 미국의 한계와 문제를 바로잡으려는 모든 노력을 뜻한다. 그것은 부시에 반대하는 것보다 훨씬 넓은 범위에 걸쳐 있다. 부시의 잘못을 바로잡는다고 해서 미국의 한계와 문제를 바로잡을 수 있는 것은 아니다. '전쟁국가' 미국이 '전쟁광' 부시를 낳은 것이지, 전쟁광 부시가 전쟁국가 미국을 만든 것이 아니다. 부시를 통해 드러난 미국의 한계와 문제, 예컨대 미국 패권주의와 예외주의에 맞서서 잘못된 현실을 바로잡는 것은 부시를 권좌에서 끌어내리는 것보다 훨씬 더 중요하다. 미국이 빚어내는 잘못된 현실 때문에, 반미가 중요해지는 것이다. 잘못된 현실을 바로잡지 않는 한, 반미의 가치와 의의는 언제까지고 남아 있을 것이다.

반미는 반전보다 훨씬 더 큰 과제를 제시한다. 물론 전쟁에 반대하는 것은 반미의 핵심에 자리잡고 있는 과제이다. 미국은 이 세상에서 벌어지는 모든 전쟁에 연관되어 있으며, 또한 자국의 이익을 위해 적극적으로 전쟁을 생산하는 '전쟁국가'이다. 이 나라는 스스로 전쟁을 벌일 뿐만 아니라, 다른 나라들이 서로 전쟁을 벌이도록 하는 수법도 즐겨 쓴다. 어떤 경우에나 가장 직접적인 수혜자는 미국의 군산복합체이다. 경제의 군사화가 너무나 진척되어 있기 때문에 미국은 평화를 견딜 수 없다. 세계 최대의 무기 생산국이자 수출국인 미국에게 평화는 언제나 전쟁의 막간극일 뿐이다. 아니, 미국에게 평화는 언제나 전쟁의 막간극이어야만 한다. 이를 위해 미국은 노력을 아끼지 않는다. 그러므로 반전은 분명히 반미의 한 축이 되어야 한다.

그러나 반미는 반전을 넘어서서 미국식 삶 자체에 대한 반대를 포함한다. 오늘날 현대식 삶이라고 하면, 그것은 대체로 미국식 삶을 뜻한다. 그것은 엄청난 물질적 풍요와 문명의 이기를 만끽하는 삶이다. 그 결과 굶주림이 아니라 비만이 중대한 사회문제로 떠오르게 되는 삶이다. 미국은 세계 최대의 '비만국가'이다. 그러나 비만국가의 삶은 자원의 고갈과 환경의 파괴를 그 대가로 치르고 얻을 수 있는 삶이며, 또한 지구적 차원의 극단적 불평등을 제물로 바치고 얻을 수 있는 삶이다. 미국은 '비만'을 유지하기 위해 '전쟁'을 벌인다. 2차대전 이후에 미국이 벌인 전쟁의 상대는 모두 돈없고 힘없는, 그러나 자원은 풍부한 제3세계 나라들이었다. 미국은 비만을 유지하기 위해 자원을 장악해야 하고, 이를 위해 자원이 풍부한 제3세계 나라들을 손아귀에 넣어야 하는 것이다.

그런데 우리는 전쟁국가와 비만국가의 이러한 내밀한 연관성을 잊은 채, 비만을 풍요로 여기고 부러워하도록 교육받거나 심지어 강요받고 있다. 이렇게 해서 우리 자신이 이미 미국식 삶을 좋은 삶으로 여기고 받아들이고 있기도 하다. 이런 점에서 반미는 단순히 우리 밖에 있는 미국이라는 타자의 한계와 문제를 바로잡기 위한 것이 아니라, 우리 안에 들어와서 우리와 하나가 되어 있는 미국의 한계와 문제를 바로잡기 위한 것이기도 하다. 반미는 무의식적으로 미국과 동화된 우리 자신을 되돌아보는 성찰의 계기인 것이다. 그러므로 적극적으로 미국의 한계와 문제를 파고들어 바로잡으려 애쓰는 과정에서 우리는 더욱 성숙하고 발전하게 될 것이다.

전쟁국가

미국

미국은 왜 전쟁을 필요로 하는가

아메리카합중국의 고질병

아메리카합중국, 우리는 이 나라를 미국(美國)이라고 부른다. 이 한자어를 우리말로 풀어보면 '아름다운 나라'라는 뜻이 된다. 그런데 정녕 이 나라는 '아름다운 나라'인가?

아메리카합중국이 세계에서 가장 힘이 센 나라라는 것은 분명한 사실이다. 경제적으로, 정치적으로 그리고 무엇보다 군사적으로 아메리카합중국은 이 세상에서 가장 힘이 센 나라이다. 문제는 여기서 비롯된다. 당연하게도 우리는 힘이 센 사람에게 절제와 지혜를 기대한다. 힘이 센 사람이 힘자랑을 즐기거나 그 센 힘으로 자기의 주장을 관철하려고 한다면, 도대체 이 세상이 어떻게 되겠는가? 그러나 불행하게도 아메리카합중국이라는 나라는 자신의 강한 힘으로 모든 것을 해결하고자 하는 고질병을 앓고 있다. 이 때문에 세계의 수많은 사람들이 고통받고 있다.

그러므로 우리가 이 나라를 '아름다운 나라'로 부르는 것은 대단히 잘못된 것이다. 아메리카합중국의 단물을 맛본 사람들은 이 나라가 '아름다운 나라'라고 목청을 높인다. 그러나 이 나라는 국내적으로나 국제적으로나 결코 '아름다운 나라'일 수 없다. 국내적으로 이 나라는 심각한 차별과 폭력의 문제를 안고 있으며, 국제적으로는 더욱 심각한 차별과 폭력의 문제를 저지르고 있다. 다인종국가라고 요란하게 떠들어대지만, 이 나라는 여전히 '백인에 의한 백인을 위한 백인의 정치'가 이루어지는 나라이다. 늘 시끄럽게 자유세계의 혈맹을 떠들어대지만, 이 나라는 불평

미국은 점점 전쟁 없이는 살 수 없는 나라가 되고 있다. 코소보 난민촌에서 허망함에 오열하고 있는 한 할머니(사진|성남훈)

등한 한미행정협정을 고칠 생각이 전혀 없는 나라이다. 이 나라는 추악한 '아름다운 나라'이다.

이 나라의 추악성은 전쟁이라는 극한상황과 관련해서 더욱 분명하게 드러난다. 20세기가 '전쟁의 시대'였다면, 그것은 또한 '아메리카합중국이 참전한 전쟁의 시대'이기도 하다. 세계의 어느 곳에서 벌어진 전쟁이건 아메리카합중국과 관계없는 전쟁은 없기 때문이다. 이렇게 된 까닭은 아메리카합중국이라는 나라가 전쟁이 없이는 지탱될 수 없는 나라, 다시 말해서 '전쟁국가'이기 때문이다. 이미 19세기가 저물 무렵에 이 나라의 통치자는 이렇게 말했다.

> 1897년에 시어도어 루스벨트는 친구에게 이렇게 썼다. "진실로 확신하건대… 나는 거의 어떤 전쟁이라도 환영할 것이네. 왜냐하면 이 나라는 전쟁을 필요로 한다고 보기 때문일세." (하워드 진, 『오만한 제국』, 당대 2001, 125쪽)

아메리카합중국은 전쟁을 할 때마다 '정의의 수호자'를 자처하고 나섰다. 그러나 그것은 그 센 힘의 사용을 정당화하려는 이데올로기적 수사일 뿐이었다. 그 진정한 목적은 결코 정의의 수호가 아니라 처음부터 끝까지 자국의 경제적 이익이었다. 그렇기 때문에 이 나라는 이란에도 무기를 팔아먹고, 이라크에도 무기를 팔아먹었던 것이다.

아메리카합중국은 어떻게 해서 이런 나라가 되었는가? 이 나라는 왜 전쟁을 필요로 하는가? 우리는 이 나라를 어떻게 대해야 하는가? 전쟁은 아메리카합중국이라는 제국의 추악한 면모를 드러내 보여주는 리트머스 시험지이다.

전쟁으로 이루어진 역사

아메리카합중국의 역사는 '전쟁으로 이루어진 역사'이다. 아메리카합중국은 전쟁을 통해 건국된 나라일 뿐만 아니라, 전쟁은 이 나라를 운영하는 하나의 절대원칙이다. 이 나라가 해체되지 않는 한, 이 원칙은 폐기되지 않을 것이다.

이 나라의 이러한 특성은 백인지배자들이 너무도 자랑스러워하는 개척사와 뗄 수 없는 관계를 맺고 있다. 백인지배자들을 정의의 사도로 미화하는 그 개척사란 실은 '약탈사'이며 나아가 '학살사'이다. 약탈과 학살을 저지른 쪽은 백인지배자들이며, 약탈과 학살을 당한 쪽은 그들이 아메리카에 건너오기 오래 전부터 그 땅에서 살고 있던 원주민들이다. 그들은 아메리카를 어떻게 개척했는가? 그들은 어떻게 아메리카합중국이라는 나라를 세웠는가?

땅에 굶주려 있던 남부 백인들에게 전쟁은 하나의 해결책이었다. 1622년, 포우하탄 동맹이 15년 동안이나 원주민들을 혹사시키고 착취해 온 버지니아의 식민자들에 저항하는 봉기를 일으켰다. 습격을 피해 살아남은 식민자들은 이를, 오로지 인디언들의 땅을 차지할 목적으로 그동안 겉으로나마 있는 척해 보였던 우의 그리고 심판을 빌미삼아 인디언들의 기독교개종에 기울여왔던 허울좋은 관심을 벗어던져버릴 수 있는 좋은 기회로 여겼다. …원주민들은 자신들의 모국을 지키기 위해 전쟁을 일으켰으나 늘 패배했고, 그러면 영국계 아메리카합중국인들은 그것을 구실로 인디언 토지 강탈을 정당화했다. (프레더릭 혹시·피터 아이버슨 엮음, 『아메리카합중국사에 던지는 질문』, 영림카디널 2000, 190쪽)

할리우드 영화에서는 이런 역사의 진실을 배울 수 없다. 할리우드 영화에서 아메리카합중국의 역사는 평화와 정의를 사랑하는 백인들이 무지하고 야만적인 원주민들에게 맞서서 자신들의 정당한 부와 권리를 찾고 굳혀가는 과정으로 그려진다. 그러나 진실은 무엇인가? 원주민들로 하여금 무력으로 저항하지 않을 수 없도록 상황을 몰아가고는, 그런 저항을 빌미로 해서 원주민들을 무참히 짓밟고 그들이 가진 것을 모조리 빼앗는 것이다.

앞의 예는 유럽에서 백인들이 아메리카로 건너간 초기에 일어난 일이고, 백인들이 어느 정도 자리를 잡고 난 뒤에는 그렇지 않았을 것으로 생각하는 사람도 있을 것이다. 과연 그럴까? 아니라는 것을 보여주는 아주 좋은 예로 아마도 워싱턴을 들 수 있을 것이다.

1776년의 혁명전쟁에서 이로쿼이족은 영국을 지지하는 부족들과 식민자들을 지지하는 부족으로 나누어졌다. 후에 인디언들이 '야수'라고 칭한 워싱턴 장군은 이로쿼이족의 공격에 대한 보복을 하면서 섬멸작전을 명령했다. 1779년 5월 31일, 그는 설리번 장군에게 이렇게 명령했다. "당신이 지휘하도록 되어 있는 원정군은 여섯 인디언부족 중에서 적대적인 부족을 쳐야 할 것이오. …직접적인 목적은 그들의 모든 촌락을 깡그리 파괴하는 것이며, 남녀노소를 막론하고 가능한 한 많은 포로를 잡는 것이오. …그 부족을 단순히 물리칠 뿐만 아니라 멸망시켜야 한다는 지침을 가장 효과적으로 수행하고 주변 마을들을 쓰레기더미로 만들 분견대가 파견되어야 할 것이오." (존 벨라미 포스터, 『환경과 경제의 작은 역사』, 현실문화연구 2001, 53쪽)

워싱턴은 '거짓말하지 않는 소년'이었고 '봉건 영국에 맞서 아메리카합중국을 세운 영웅'이었다. 그러나 이런 평가는 오로지 아메리카합중국을 지배하는 백인의 관점에 섰을 때만 올바른 것이다. 원주민 쪽에서 보자면, 그는 '탐욕에 눈먼 백인악마들의 대장'이었다. 그들은 엄청난 물리력을 가지고 있었고, 그것을 무자비하게 사용하여 '아름다운 나라'를 세웠다.

전쟁을 통해 백인지배자들은 엄청난 부를 모을 수 있었다. 그러므로 이런 역사적 사정에는 조금도 주의를 기울이지 않은 채, 저 휘황한 부(富)만을 보고 이 나라를 '아름다운 나라'라고 불러서는 안 될 것이다. 200년 전에 원주민들은 전체 아메리카합중국 땅의 3/4을 소유하고 있었다. 지금 원주민들은 단지 2%만을 소유하고 있을 뿐이다(『한겨레』 2000. 7. 3). 그 땅들은 어디로 갔나? 땅은 그 자리에 그대로 있으나, 소유자는 모두 백인들로 바뀌었다. 원주민들을 무자비하게 학살한 '인디언과의 전쟁'은 1871년까지 계속되었으며, 약탈은 그 뒤에도 더 오랫동안 계속되었다.

아메리카합중국의 군대가 미국 땅 안에서만 원주민과 전쟁을, 아니 일방적인 학살과 약탈을 저질렀던 것은 아니다. 이미 오래 전부터 아메리카합중국의 군대는 세계 곳곳을 누비고 다니며 각지의 원주민들을 학살하고 재산을 약탈하고 땅을 먹어치웠다.*

그들은 우리나라에도 몰려왔다. 먼저 1866년에 '제너럴셔먼'호라는 이름의 무장상선이 대동강으로 올라오며 학살과 약탈을 자행하다가 분노한 평양주민들의 공격을 받고 침몰당한 사건이 일어났다. 그 뒤 1871년에 아메리카합중국은 이 사건을 빌미로 군함 5척과 1200여 명의 군인을 동원하여 본격적인 무력침략을 개시하였으나 우리 정부군과 의용군

---

* 이에 관해서는 이 글 말미의 부록 참조. 지난 200년간 아메리카합중국이 일으킨 수많은 전쟁의 목록은 '9·11공격 사건'이 일어난 얼마 뒤에 메일링 리스트를 통해 받은 것이다.

의 결사적인 저항에 부닥쳐 큰 타격을 입고 물러갔다(역사문제연구소, 『한국의 역사』3, 웅진닷컴 2001, 24~28쪽).

초기식민의 과정부터 지금에 이르기까지 아메리카합중국의 역사는 '전쟁의 역사'이다. 이 역사는 아메리카합중국의 백인지배자들이 전쟁을 얼마나 중요한 정치적 수단으로 여기고 있는가를 잘 보여준다. 나아가 이 역사를 통해 아메리카합중국 사람들의 정신 속에는 전쟁이 꼭 필요한 것이라는 생각이 굳게 자리잡게 된 것으로 보인다. 무서운 역사의 불행한 결과가 아닐 수 없다.

전쟁광의 사회

전쟁이 꼭 필요한 것이라는 생각은 사회 전반에 이를테면 '전쟁문화'라고 부를 만한 것을 널리 퍼뜨리게 된다. 그것은 우선 천박한 자문화중심주의에 기초를 둔 선악 이분법으로 나타난다. 요컨대 우리는 정의의 사도이고 적은 악마의 사도라는 것이다. 기독교의 이분법적 세계관이 이런 식의 천박한 선악 이분법의 모태라는 것은 다시 말할 필요가 없을 것이다.

그러나 적은 밖에만 있는 것이 아니라 안에도 있다. 여러 가지 이유로 전쟁을 하려 하지 않거나 나아가 반대하는 사람들도 있는 법이다. 이런 사태는 아메리카합중국처럼 전쟁을 즐기는 나라로서는 참으로 난망한 일이 아닐 수 없다. 국립묘지를 세우고 멋진 의전행사를 갖추어 죽은 자를 칭송하고 군대와 전쟁을 신성화하는 것만으로는 이런 사태에 대응하기에 충분하지 않다. 그 이전에 징병과 참전 자체를 거부하지 않도록 해야 한다. 그래서 나라를 위해 죽는 것은 영광스러운 것이며, 가족을 지키기 위해 최선을 다하는 것이라는 이데올로기가 나타나게 된다.

그러나 이러한 이데올로기만 해도 충분히 논리적이어서 논쟁을 불러

"이라크를 공격하지 말라"는 피켓을 들고 시위를 벌이는 런던시민들(2003. 3, http://www.worldrevolution.org.uk)

일으키기 쉽다. 이데올로기가 제대로 힘을 쓰려면 논쟁을 불러일으키지 말아야 한다. 그 결과 나타나는 것이, "전쟁을 하지 않는 자는 비겁한 자, 전쟁을 하는 자는 용감한 자"라는 말할 수 없이 천박한 이분법이다. 여기에 '왜 전쟁을 하는가'라는 질문 따위가 끼여들 여지는 없다. 전쟁이 일어났으니 무조건 전쟁을 해야 할 뿐이다. 이 이분법은 젊은이들의 '용기경쟁'을 교묘히 이용해서 젊은이들이 경쟁적으로 전쟁터로 달려가도록 만든다.

용감한 자와 비겁한 자의 이분법이 선악 이분법과 굳게 맺어져서 전쟁문화의 이데올로기적 토대가 닦이게 된다. 이제 '비겁한 자는 악한 자, 용감한 자는 선한 자'의 이분법이 나타난다. 여기서 비겁한 자는 패배자이고 용감한 자는 승리자라는 것을 다시 말할 필요는 없을 것이다. 이런 이데올로기 속에서 아메리카합중국은 늘 용감한 자이고, 따라서 선한 자이다. 사실이 그렇지 않은가? 아메리카합중국은 늘 이겼으니까.

이런 이데올로기는 백인지배자들에 의해 초기식민의 역사에서부터 만들어지고 퍼져나갔겠지만, 이미 오래 전에 그것은 공교육과 각종 매체를 통해 대다수 아메리카합중국 사람들의 일상적인 의식 속에 굳게 자리잡았다. 이렇게 전쟁을 꼭 필요한 것으로 여기도록 하는 참전의 이데올로기와 자기를 지키기 위한 불가피한 저항이라는 자기방어의 이데올로기가 맺어져서 전쟁문화의 이데올로기적 토대가 완성된다. 요컨대 아메리카합중국이 일으키는 전쟁은 자기방어를 위한 것이며, 따라서 그것은 정의의 전쟁이라는 것이다.

자기방어의 논리 문제를 잘 보여주는 좋은 예로 쿠바혁명에 대한 아메리카합중국의 태도를 들 수 있다. 아메리카합중국은 적이 턱밑에 칼을 들이댔다는 식으로 호들갑을 떨었다. 그러나 정말로 두려워한 쪽은 아메리카합중국이 아니라 쿠바였다.

우리가 아메리카합중국에 바라는 것은 한마디로 말해서 '아무것
도 없다'. 직접적이건 간접적이건 간에 당신들의 군사행동에 대한
공포가 사라지기만 하면 우리는 아메리카합중국과 아무런 관계도
갖지 않을 것이다. 오히려 그게 마음 편할 것이다. 당신들이 우리
를 위협하고 있다는 것이 오늘의 군사적 현실이며 우리는 그 현실
속에서 살고 있다는 것이다. (C. 라이트 밀스, 『들어라 양키들아』, 아침
1985, 76쪽)

1960년에 발표된 이 유명한 책에서 밀스가 잘 지적하고 있듯이, 아메
리카합중국의 자기방어 논리는 사실과 허구를 뒤바꾸는 이데올로기일
뿐이다. 이런 이데올로기들에 바탕을 둔 전쟁문화 속에서 '전쟁광의 사
회'가 나타나는 것은 너무나 당연한 일일 것이다. 아메리카합중국에서
전쟁광은 극소수 이상(異常)심리자를 뜻하지 않는다. 그것은 전쟁문화
속에서 자라고 규율화되어 결국 그것에 사로잡혀 참전을 부르짖고 확전
(擴戰)에 열광하는 상당수 대중을 뜻한다. 이들에게 평화는 전쟁의 결과
일 뿐이다. 요컨대 전쟁광들에게 평화는 '평정'의 다른 이름일 뿐이다. 전
쟁문화가 만연한 상황에서 전쟁을 통해 실제로 이득을 보는 지배자들은
이런 대중의 요구를 들어주기만 하면 된다. 전쟁을 정치적으로 능란하
게 이용하는 정치가들에게 만연한 전쟁문화는 너무도 훌륭한 알리바이
를 제공한다.
　　전쟁문화를 대중적으로 퍼뜨리고 다시 그것을 이용하는 전쟁광 정치
인들은 대체로 공화당에서 배출하고 있다. 최근의 가장 유명한 전쟁광
정치인으로는 역시 레이건과 부시 부자를 들 수 있을 것이다. 레이건을
우리는 'SDI대통령' 혹은 '별들의 전쟁 대통령'으로 기억해야 한다. 이것
은 세 가지 의미를 지닌다. 하나는 삼류배우답게 엉터리 공상과학에 사

로잡힌 자였다는 것이다. 다른 하나는 또 삼류배우답게 천박한 선악 이분법에 사로잡힌 자였다는 것이다. 마지막으로 역시 삼류배우답게 힘으로 세계를 평정해야 한다는 망상에 사로잡힌 자였다는 것이다.

20년 전에 레이건은 소련을 '악마의 제국'이라고 불렀다. 그는 확성기가 켜져 있는 줄도 모른 채, 농담을 한답시고 자신의 속내를 고스란히 드러냈던 것이다. 그러나 그는 세계의 수많은 사람들이 아메리카합중국을 '악마의 제국'으로 여기고 있다는 사실에 대해서는 오로지 무시하는 태도로 일관했다. 아니 한걸음 더 나아가 그런 사람들을 소련이라는 악마의 제국의 사주를 받은 사람으로 여기고 제거하려 했다. 그 때문에 세계의 수많은 사람들은 아메리카합중국을 더욱더 '악마의 제국'으로 여기게 되었다.

아버지 부시는 레이건의 충실한 후계자가 되고자 했다. 그는 현실사회주의의 몰락이라는 커다란 변화를 맞아서 이른바 '새로운 세계질서'라는 것을 선언했다. 그 핵심은 강력한 군사력의 우위를 통해 아메리카합중국의 지배력을 굳게 다지는 것이었다.

> 아메리카합중국이 유일 초강대국인 새로운 국제질서를 수립하고 유지하기 위해, 선진공업국들이 아메리카합중국의 리더십에 도전하지 않도록 하고, 어떠한 경쟁국들도 전세계적 역할이나 지역적으로 중대한 역할을 추구하는 것을 억제할 수 있을 정도의 군사적 우위를 유지해야 한다. (백창재, 「아메리카합중국의 대외정책」, 『사상』 2000년 겨울호, 111쪽)

국내외의 반대 때문에 이 정책이 실제로 채택되지는 않았지만, 그렇다고 해서 이런 식의 태도가 사라진 것은 아니었다. 부시는 아메리카합중국의 힘을 과시하고 싶어했고, 그 결과 일어난 것이 걸프전이었다. 이 전쟁은 첨단과학을 이용한 이른바 '똑똑한 전쟁'으로 널리 선전되었지만, 사실은 엄격한 언론통제 속에서 무자비한 학살극이 벌어진 '멍청한 전쟁'이었다.

아들 부시는 아버지 부시보다 몇 술 더 뜨고 있다. 그는 먼저 9·11공격사건을 계기로 '테러와의 전쟁'이라는 것을 선포했다. 그리고 이어서 '십자군전쟁' '21세기의 첫 전쟁' 운운하며 아프가니스탄과의 전쟁을 시작했다. 아프가니스탄이 아메리카합중국에 어떤 해를 입힌 것도 아니고, 그 정권은 아메리카합중국이 지원해서 세워진 정권이기도 했건만, 아메리카합중국은 이 가난한 나라를 거침없이 공격해서 부숴버렸다. 계속해서 부시는 이라크를 공격할 의향을 밝히기도 하고, 소말리아와 필리핀에서는 이미 또 다른 군사행동을 펼치기 시작했다. 나아가 '미사일방어망 구축계획'(MD)을 발표하고, 전략핵탄두 해체계획을 바꾸고, 1992년부터 중단해 온 핵실험의 재개를 은근히 밝히면서, 다시금 세계적인 군비경쟁의 분위기를 조성하고 있다.

21세기의 첫 전쟁에서 거둔 승리에 취해서인가, 부시는 2002년을 '전쟁의 해'로 선언했다. 9·11공격사건은 전쟁문화에 찌든 아메리카합중국이 씨를 뿌린 악순환의 한 결과이건만, 이에 대해서는 조금도 반성하지 않고 전쟁을 계속하고 있는 것이다. 기껏 "아메리카합중국을 악으로부터 지켜야 한다"는 천박한 선악 이분법이나 외치고 다니면서. 그는 정말 역사상 최악의 전쟁광이 되고 싶은 걸까?

경제의 군사화

20세기에 들어와 아메리카합중국은 더욱더 절실히 전쟁을 필요로 하게 되었다. 물론 시어도어 루스벨트 시절에도 아메리카합중국은 전쟁을

임진강변에서 도하훈련을 하고 있는 미군(2003. 3. 9)

필요로 하였다. 인디언에게서 빼앗고, 조선인에게서 빼앗아야 했기 때문이다. 그러나 20세기에 들어와 두 차례의 세계대전을 치르면서 아메리카합중국의 경제구조 자체가 바뀌어버리고 말았다. 이른바 군산복합체가 지배하는 전쟁경제가 굳게 자리를 잡은 것이다. 경제의 군사화가 착착 진행되어 아메리카합중국의 경제구조를 군사적 논리가 지배하게 된 것이다. 경제란 삶을 이어가기 위한 기초활동이다. 경제의 군사화는 일상생활을 이어가기 위한 경제활동이 일상생활을 파괴하는 군사활동에 바탕을 두고 이루어지게 되는 비정상적인 상태이다. 아메리카합중국은 이런 비정상적인 상태가 정상적인 상태인 나라가 되었다.

전쟁은 사회적으로나 개인적으로나 비상사태이다. 이 때문에 전쟁이 일어나면 사회는 비상한 방식으로 재조직되게 마련이다. 그리고 전쟁이 끝나면 다시 본래 모습으로 돌아오는 것이 정상이다. 예전에는 어느 사회나 이런 식이었다. 그러나 20세기에 들어와서는 더 이상 이런 식으로는 전쟁에 대처할 수 없게 되었다. 우선 무기 자체가 고도로 복잡해져서 오랜 시간을 두고 개발해야 한다. 이렇게 해서 평화기는 '전쟁의 준비기'가 되어버리고 만다.

이로부터 더 중대한 결과가 나타나게 된다. 군수산업이라는 거대한 산업이 만들어지는 것이다. 전쟁에 필요한 물자는 너무나 많다. 군수산업은 단지 무기만을 만드는 산업이 아니다. 그리고 사실 무기만 해도 그 가짓수는 너무나도 많다. 이런 산업이 자리를 굳게 잡고 커지게 되면, 이 산업을 그냥 유지하기 위해서도 엄청난 액수의 세금을 쓰지 않으면 안 된다. 그리고 이 산업을 중심으로 더 큰 산업적 연관관계가 만들어지고, 이렇게 되면 더욱더 많은 세금을 이 연관관계를 위해 쓰지 않을 수 없게 된다.

결국 수많은 사람들이 군수산업과 직·간접적인 관련을 맺고 살아가지 않을 수 없게 된다. 이리되면 군수산업을 해체하기는커녕 그 크기를 줄이는 것 자체도 불가능한 상태에 빠져들게 된다. 더욱이 군수산업은 국가의 특혜를 받아 쉽게 많은 돈을 벌기 때문에, 그 돈을 써서 정치가들과 군은 공모관계를 만들게 된다. 정치가들이 군수산업을 미워할 이유가 하나도 없는 것이다. 정치가들이 나서서 군수산업을 지켜주는데, 군수산업이 어떻게 없어질 수 있겠는가? 특히 아메리카합중국의 공화당은 '군수산업당'이라고 해도 지나치지 않을 정도로 아메리카합중국의 군수산업을 적극적으로 옹호하고 있다.

군수산업을 지키고자 하는 것은 군수산업으로부터 구린 돈을 받은 정치가들만이 아니다. 군수산업에 종사하는 노동자들은 그들로부터 당당한 노동의 대가를 받는 것이지만, 군수산업의 해체는 물론이고 감축에도 좀처럼 찬성하려 하지 않는 사람들이다. 냉전의 종식에 따른 '평화분담금'에 관한 논의가 활발히 이루어지던 무렵에, 다시 말해서 국방예산의 삭감과 군수산업의 감축이 모색되던 무렵에, 아메리카합중국의 군수산업에 종사하던 한 노동자는 "당신이 방위산업에서 일할 때 세상에 평화가 찾아오는 것을 지켜보게 된다면 소름끼칠 것이다"라고 말했다(김진균·홍성태, 『군신과 현대사회』, 문화과학사 1996, 163쪽).

왜 안 그렇겠는가? 일자리를 잃고 실업자가 되는 것인데. 아메리카합중국의 군수산업에서 만든 무기가 다른 나라로 팔려가 더욱 어렵고 힘든 상황에 있는 사람들을 죽이게 되리라는 사실이 다소 마음을 무겁게 하기는 해도 일자리를 잃을 수는 없지 않은가? 군수산업은 돈을 탐내는 정치가들뿐만 아니라 노동자들까지도 자신의 세력으로 거느리고 있다. 이렇게 경제의 군사화는 모든 사회성원들이 군사적 논리를 받아들이고 인정하도록 만들려고 한다. 다시 말하지만 경제의 군사화는 비정상적인 것을 정상적인 것으로 만든다. 그러므로 구태여 평화운동을 벌이는 사람이 아니라고 해도 경제의 군사화에 반대하고 대항해야 할 이유는 충분하다.

다시 말할 필요도 없이 아메리카합중국은 세계에서 가장 강한 군사력을 가지고 있는 나라이며, 또한 세계에서 가장 큰 군수산업을 거느린 나라이다. 냉전이 종식되고 이 나라의 군수산업은 잠시 위기에 처하기도 했다. 냉전이라는 전쟁 아닌 전쟁을 핑계로 승승장구해 왔는데, 냉전이 종식되었으니 군비를 줄여야 한다는 목소리가 높아졌기 때문이다. 요컨대 군수산업은 적을 먹고 자라는 산업이다. 적이 없어졌다면 새로운 적을 만들어야 하고, 전쟁이 일어나지 않는다면 전쟁을 일으켜야 한다. 군수산업이 가장 싫어하는 것은 평화이다.

소련은 없어졌으나 '불량국가'와 '테러분자'라는 새로운 적들이 지구 전역에서 준동할 수 있다는 논리를 제시한 것은 아버지 부시였다. 그 논리를 충실하게 이어받아 군수산업의 수호자로서 세계를 갈수록 불안하게 만들고 있는 것은 바로 아들 부시이다. 2000년 아메리카합중국의 국방예산은 2806억 달러로 세계 군비지출의 37%를 차지했다. 2위인 러시아는 439억 달러로 6%, 13위인 우리나라는 100억 달러로 1%를 차지했다(SIPRI, *Yearbook 2001; Yearbook 2000*). 2002회계연도 국방예산안에 따르면, 전체 국방예산은 3180억 달러(420조원)이고 여기에는 미사일방어망구축계획 개발비용 83억 달러가 포함되어 있으며, 국방예산과는 별도로 테러대책과 재건비용으로 200억 달러가 책정되었다(『한겨레』 2002. 1. 12).

너무나 엄청난 액수의 돈이 아닐 수 없다. '전쟁저항자들의 동맹'(War Resisters League, http://www.nonviolence.org/wrl)이라는 아메리카합중국의 시민단체는 이렇게 설명한다. "2000년에 아메리카합중국 국방부는 하루에 15억 달러의 예산을 썼는데, 이 금액은 아메리카합중국에서 200개의 초등학교를 새로 짓고, 13만 6천 명의 노숙자에게 집을 제공해 주며, 100만 명의 대학생에게 학비를 보조해 주고, 5만 6천 명의 매 맞는 여성에게 보호소와 상담을 해줄 수 있는 돈이었다"(http://picis.jinbo. net/index_ko1.html). 이런 돈이 결국 사람을 죽이는 데 사용되고 있는 것이며, 이렇게 해서 아메리카합중국의 경제가 돌아가고 있는 것이다.

아메리카합중국은 무기를 가장 많이 생산하는 나라이며 또한 가장 많이 수출하는 나라이다. 그러나 아메리카합중국은 단순히 무기를 생산하고 수출하는 나라가 아니다. 이 나라는 전쟁을 생산하고 수출하는 나라이기도 하다. 이 나라는 세계 곳곳에서 전쟁을 부추기고 자신에게 유리한 방향으로 이끌고 가기 위한 비밀공작을 펼치기도 한다. 무기를 만들 능력이 없는 나라나 세력이라도 돈만 있으면 아메리카합중국으로부터 무기를 사들여서 얼마든지 전쟁을 벌일 수 있다. 꼭 돈이 아니더라도 이권을 제공하는 대가로 아메리카합중국으로부터 얼마든지 무기를 제공받을 수 있다.

군수산업의 처지에서 보기에 새로운 전쟁이 일어나는 것은 새로운 시장이 열리는 것이다. 세계에서 가장 커다란 군수산업을 가지고 있는 아메리카합중국이 전쟁을 필요로 하는 가장 중요한 이유가 여기에 있다. 그러므로 아메리카합중국의 전쟁광 정치인들은 정치적 이유뿐만 아니라 경제적 이유에서도 끊임없이 전쟁을 추구한다.

전쟁국가 아메리카합중국

정치적으로, 경제적으로, 심지어 문화적으로 아메리카합중국이 전쟁을 필요로 하는 이유들을 쉽게 찾아볼 수 있다. 아메리카합중국은 늘 정의를 위한 전쟁에 대해 말한다. 그러나 듣기에 그럴듯한 정치적 수사학은 진실을 가리기 위한 것이지 그것을 드러내 보여주기 위한 것이 아니다. 전쟁이 아메리카합중국의 추악한 면모를 보여주는 리트머스 시험지라고 한 까닭이 여기에 있다.

세계의 많은 사람들이 아메리카합중국의 이런 특성을 잘 알고 있다. 국가 사이에 친구가 어디 있고 적이 또 어디 있겠는가? 이해관계에 따라 협력하거나 대립할 뿐이다. 우리는 아메리카합중국의 특성을 잘 알고 대처해야 한다. 국가의 정치·경제적 존립을 위해 전쟁을 필요로 하는 '전쟁국가' 아메리카합중국의 문제에 대한 이해는 그 좋은 출발점이 될 것이다.

그러나 잘 알다시피 이 나라에는 친미파들이 많다. 그 주류가 어떻게든 아메리카합중국에 빌붙어 영달을 꾀하는 사대적 친미파들이라고 한다면, 최근에는 지미파를 자처하는 좀더 지성적 친미파들이 나타나는 것 같다. 그러나 근본적인 면에서 이들과 사대적 친미파 사이에 별다른 차이는 없다. 이것이야말로 이 나라의 큰 문제가 아닐 수 없다.

> 민주주의의 창달을 표방하는 아메리카합중국 정부가 군대의 포악한 진압에 적극 찬동했거나 방조했을 리는 만무하다. …한국군부는 아메리카합중국 정부의 의사가 한국국민에게 전달되지 못하도록 차단하는 데 성공했을 뿐 아니라 아메리카합중국 정부가 무력탄압을 지지하고 있다는 인상을 심는 데 성공했던 것이다. (진철수, 「왜 하필 아메리카합중국인가」, 『사상』 2000년 겨울호, 20~21쪽)

> 우리가 아메리카합중국의 보편제도와 사상, 문화에 대처하는 데 있어서는 조선이 건국 초기에 명의 보편문명에 대처하던 방식을 택해야 한다. 보편문명을 깊이 배우는 동시에 우리 자신의 모습을 정확히 이해하면서 보편성과 특수성을 동시에 확보하는 지혜를 발휘해야 한다. 사대도 아닌, 반미도 아닌 중용의 도를 지킬 때 우리는 지극히 한국적인 보편문화를 꽃피울 수 있을 것이다. (함재봉,

「사대와 반미 사이에서」, 『사상』 2000년 겨울호, (68쪽)

한국군부의 능력에 대한 어울리지 않는 과찬의 바탕에는 아메리카합중국 정부에 대한 일방적인 예찬이 자리잡고 있으며, 나아가 노근리와 광주에서 어렵게 확인된 역사적 진실을 무시하고 아메리카합중국 정부에게 면죄부를 주려는 의도마저 읽을 수 있다. 아메리카합중국의 모든 것을 보편적인 것으로 전제하는 태도는 중용의 도가 아니라 명백히 또다른 '사대의 도'일 뿐이며, 최근의 '언론사건'에서 잘 드러났듯이 문제투성이인 아메리카합중국 사회와 아메리카합중국식 글로벌 스탠더드를 어처구니없이 신비화하는 것이다.

'전쟁국가' 아메리카합중국의 문제는 우리 사회에도 큰 그늘을 드리우고 있다. 엄청나게 비싼 군수물자를 아메리카합중국이 요구하는 대로 사들여야 하고, 주한미군은 전국 각지에서 7300만 평의 땅을 제멋대로 쓰고 있다. 서울의 한복판에서까지 주한미군은 100만 평에 이르는 드넓은 땅을 주둔지로 쓰고 있다. 무리한 미사일방어망구축계획을 관철시키고 군수산업의 이익을 지켜주기 위해 공화당의 전쟁광들은 오래 전부터 일관되게 북한미사일의 위협을 크게 과장하고 남북관계를 악화시켜 왔다(『한겨레』 2002. 1. 16).

이런 현실과 진실을 잘 살펴볼 수 있어야 한다. 나아가 우리는 '전쟁저항자들의 동맹'처럼 전쟁국가 아메리카합중국에 저항하는 아메리카합중국의 시민들과 연대해서 이런 문제를 해결할 수 있도록 노력해야 한다. 이런 노력은 약자인 우리 자신을 위한 것이며, 전쟁에 반대하는 아메리카합중국 시민들을 위한 것이며, 전쟁으로 고통받는 세계의 수많은 사람들을 위한 것이다.

아메리카합중국이 200년 동안 저지른 테러와 전쟁

1800년대(19세기)

1801	트리폴리전쟁(~1805) 모로코와 전쟁(~1805)
1803	스페인과 전쟁(~1806)
1812	캐나다와 플로리다를 빼앗기 위해 영국에 선전포고(~1815)
	스페인령 서부플로리다 강탈(~1814)
1813	말카스제도 누크 히버섬 상륙·침공
1816	알제리전쟁(~1818)
1819	옐로스톤 원정(~1829)
	쿠바·푸에르토리코·산토도밍고·멕시코의 유가탄반도 침공(~1825)
1826	하와이제도 침공
1827	그리스 미코노스섬·앤드로스섬 침공
1831	포클랜드군도 침공(~1832)
1832	수마트라섬 쿠알라토르 침공
1833	아르헨티나 부에노스아이레스 침공
1835	사모아제도 침공
1838	수마트라섬 침공
1840	피지군도 침공
1841	길버트군도의 드래몬드제도 침공
1843	리베리아 침공
1847	멕시코와 전쟁(~1848) 아이티의 사마나만 점령
1852	부에노스아이레스 침공(~1853)
1853	니카라과 침공(~1854)
1854	중국 상하이·광뚱 침공(~1856)
1855	우루과이 몬테비데오 침공(~1858)
1857	니카라과 침공, 중국 상하이 침공
1858	피지군도 침공, 뉴그레네이더 하마나 침공, 유이하제도 침공,
	파라과이 침공(~1859)
1859	판 데트카 해협의 산판섬 침공, 멕시코 침공
1860	포르투갈령 서아프리카 키센보 침공
1863	일본 시모노세키 침공(~1864), 중국 침공(~1864)
1865	콜롬비아·파나마 침공
1866	멕시코 침략
1867	대만 침공, 조선 침공(~1872)
1868	우루과이 몬테비데오 침공, 일본 침공, 콜롬비아 침공
1870	콜롬비아·파나마 침공, 멕시코 침공(~1873)

1874	하와이군도 호놀룰루 침공
1876	멕시코 침공
1882	이집트 침공
1885	파나마 침공
1888	아이티 침공, 조선 상륙
1890	아르헨티나 부에노스아이레스 상륙
1891	아이티 침공, 칠레 침공
1893	호놀룰루 상륙, 하와이제도 점령
1894	브라질 리우데자네이루 침공, 니카라과 상륙, 조선과 중국 상륙(~1896)
1895	콜롬비아 상륙
1896	니카라과 상륙
1898	하와이제도 병탄, 니카라과 상륙, 미서전쟁과 쿠바·필리핀·괌·푸에르토리코 점령(~1899)
1899	니카라과 상륙, 피지제도 군사원정, 사모아 침공, 추추라이섬 점령, 필리핀과 전쟁(~1902)

1900년대(20세기)

1900	중국 의화단진압 군사원정(~1901), 파나마·콜롬비아 상륙(~1902)
1903	사마르섬과 필리핀 레에테섬의 이슬람교도에 대한 군사작전(~1904), 파나마운하 영구점령, 산토도밍고 침공(~1904)
1904	파나마 상륙, 조선 상륙
1906	쿠바 점령(~1906)
1910	니카라과 침공, 온두라스 침공(~1911)
1911	증국 상륙과 베이징 침공(~1912)
1912	파나마 침공, 쿠바 상륙, 터키 상륙, 니카라과 침공(~1915)
1913	멕시코 상륙
1914	아이티 상륙
1915	멕시코 침공(~1916)
1916	산토도밍고 점령(~1925)
1917	제1차 세계대전 참전(~1918)
1918	파나마 치리키 점령(~1920), 신생국 소련 침공(~1920)
1919	온두라스 상륙, 코스타리카 침공
1920	과테말라 침공
1921	파나마·코스타리카 침공
1922	중국 무력개입(~1941)
1924	온두라스 침공(~1925)
1925	파나마 침공
1926	니카라과 침공(~1933)
1931	온두라스 침공

1933	쿠바연안 정찰
1937	중국 양쯔강 연안 점령
1938	중국 광뚱과 태평양의 엔테베 점령
1941	그린란드항구 점령, 아이슬란드 점령
1950	한국전쟁(~1953)
1953	이란의 모사데크정권 전복
1954	과테말라 군사개입
1958	중동위기 선동, 케모이섬·마쓰섬 주변에서 무력시위
1960	U-2첩보기 소련영공 정찰, 콩고에서 유엔군사작전 선동, 카스트로 암살기도(~1981)
1961	피그만 침공, 베를린위기 선동
1964	통킹만 무력도발, 베트남전쟁(~1975)
1965	도미니카공화국 내정개입
1966	은쿠르마정권 전복
1970	라오스·캄보디아 무력개입
1973	칠레 아옌데정권 전복
1974	포르투갈에서 파괴활동(~1975)
1975	케냐의 무왕기 카리우기 암살, 오스트레일리아 노동당정권 전복
1977	콩고인민공화국 정권 전복
1979	이란에 대한 군사행동(~1981)
1980	폴란드 내정간섭(~1984), 아프가니스탄 군사개입(~1984)
1981	카다피 암살계획, 파나마의 토리호스 암살, 인드라 간디에 대한 암살음모, 잠비아대통령 암살계획, 엘살바도르내전 군사개입(~1983), 니카라과에서 군사도발(~1983)
1982	시드라만에서 리비아에 대한 군사도발
1983	그레나다 침공
1990	걸프전(~1991)
1992	소말리아 무력개입(~1995)
1998	수단·아프가니스탄 미사일공격, 이라크 공격
1999	유고연방 침공

2000년대(21세기)

2000	플랜 콜롬비아(진행중)
2001	아프가니스탄 전쟁(~2002)
2002	필리핀 전쟁(진행중)
2003	이라크 침공(진행중)

'전쟁광' 부시

역사에서 전쟁이 없었던 적은 한번도 없었다. 동서고금을 막론하고 언제 어디서나 전쟁은 벌어졌다. 전쟁은 사람이 사람을 죽이는 극한의 상황이다. 평소에 우리는 사람을 죽여서는 안 된다고 배우지만 전쟁에서는 상황이 완전히 다르다. 한 사람을 죽이면 살인자가 되지만, 만 사람을 죽이면 영웅이 된다. 이것이 전쟁이다.

우리가 보편타당한 것으로 받아들이는 인간주의에 따르면, 어떤 명분으로도 합리화될 수 없는 것이 전쟁이다. 사람이 사람을 죽여도 좋은, 아니 사람이 사람을 죽여야 하는 상황, 이런 상황이 어떻게 합리화될 수 있는가? 그런데 도대체 왜 인간은 전쟁을 하는 걸까? 인간의 몸 속에 무슨 '전쟁유전자'라도 있는 것일까?

물론 우리 몸 속에 전쟁유전자 따위가 있을 리는 만무하다. 그리고 사람을 죽이기 좋아하는 사람이 없다고 할 수는 없어도, 그렇다고 그런 사람들 때문에 수많은 사람이 죽어야 하는 전쟁이 일어난다고 할 수는 없다. 전쟁의 원인은 우리의 몸 속에서 찾을 수 없고, 또 우리의 머릿속에서도 찾을 수 없다. 그것은 철저히 사회적 현상이다.

세계인이 부시가 일으키려는 이라크침공에 반대하고 있다. 이런 지구적 반대에도 불구하고 부시는 끝내 이라크를 침공하려 하고 있다. 이런 꼴을 보노라면, 전쟁을 좋아하는 사람이 있다는 사실을 부인하기는 어려울 것 같다. 그리고 그런 사람 때문에 수많은 사람들이 죽어야 한다는 사실도 부인하기는 어려울 것 같다. 나아가 아버지 부시가 걸프전을 일으켜 수십만 명의 이라크인들을 살상한 자라는 사실을 떠올려보면, 부시

집안의 핏속에는 전쟁유전자가 있을 것 같기도 하다. 이참에 부시라는 성을 버리고 '워'(war, 전쟁)로 바꾸는 게 낫지 않을까 하는 생각도 든다. 아무튼 대를 이어가며 이라크를 무찌르려는 조지 부시를 보면, 확실히 전쟁을 좋아하는 사람이 있기는 있다는 생각을 하지 않을 수 없다.

그러나 좀더 깊이 생각해 보면, 조지 부시라는 '전쟁광'은 아메리카합중국이라는 '전쟁국가'의 산물이라는 것을 알 수 있다. 그가 그냥 싸움패라면, 그건 유전학이나 심리학으로 설명될 수 있다. 희한하게도 전쟁을 좋아하는 유전적 질병을 앓고 있거나, 어려서 아버지에게 잘못 배워서 뭐든지 싸움으로 해결하려는 심리를 가지게 되었다는 식으로. 그러나 전쟁은 단순한 싸움이 아니다. 그리고 '전쟁광'은 단순한 싸움패가 아니다.

조지 부시가 국가간 분쟁을 해결하는 수단으로 전쟁을 좋아하는 것은 틀림없는 사실인 것 같지만, 그렇다고 해서 미국의 대통령들 중에서 조지 부시만 유별나게 전쟁을 좋아하는 것은 아니다. 거짓말하지 않는 착한 소년으로 잘 알려진 조지 워싱턴을 보자. 그의 유명한 벗나무 이야기도 뒤에 꾸며낸 이야기거니와 그는 전쟁을 아주 좋아한 사람이었다. 아니 좀더 정확하게 말하자면, 그는 일방적인 '학살'을 아무런 거리낌 없이 저질렀던 사람이다. 이번에는 조지 부시들 사이에서 두 차례나 아메리카합중국의 대통령이었던 빌 클린턴을 보자. 그는 1993~94년에 이른바 '북핵위기'를 일으켰던 장본인이고, 냄새나는 '지퍼게이트'를 잠재우기 위해 불쌍한 코소보에 폭탄을 퍼부었던 사람이다. 색소폰을 잘 불고 연애를 잘한다고 해서 전쟁을 싫어하는 것은 아닌 것이다. 그리고 나아가 미국의 대통령이라는 자리는 전쟁을 싫어한다고 해서 전쟁을 하지 않을 수 있는 자리도 아닌 것이다. 미국은 '전쟁국가'이기 때문이다.

오늘날 전쟁에서 무엇보다 중요한 것은 의지가 아니라 능력이다. 옛

지난 이란-이라크전쟁 당시 후세인에게 탄저균까지 건네줬던 미국이 이제 와서 대량살상무기를 가졌다며 이라크를 공격하는 것은 기만이 아닐 수 없다. 반전집회에 참여한 아랍권 이주노동자들이 반전구호를 외치고 있다(대학로, 2002. 2. 15)

날, 서로 비슷한 무기를 가지고 싸우던 시절에 전쟁의 승패를 좌우하는 것은 전사의 의지였다. 그러나 지금은 그렇지 않다. 아메리카합중국과 이라크가 전쟁을 벌인다면, 싸움에서 이기려는 의지는 이라크 쪽이 훨씬 강하더라도 싸움의 결과는 볼 것도 없이 아메리카합중국의 승리일 것이다. 아마 부시집안은 대를 이어가며 이라크와의 전쟁에서 승리를 거두게 될 것이다. 아메리카합중국의 국력은 이라크에 비해 절대적인 우위에 있다. 굶주리고 병에 걸린 아이들조차 제대로 돌볼 수 없는 이라크가, 전국민의 절대다수가 비만에 걸려 있는 세계 최대의 부국과 전쟁을 벌여서 이길 도리는 없다. 아메리카합중국은 이라크를 박살낼 온갖 무기와 자원을 다 가지고 있지만, 불행하게도 이라크는 이에 맞설 별다른 무기도 자원도 가지고 있지 못하다. 아메리카합중국이 때리면 맞아야 하는 것이 이라크이다.

하기는 아메리카합중국이 때리면 맞아야 하는 것이 어디 이라크뿐이겠는가? 아메리카합중국은 어느 나라이고 자신의 요구에 따르지 않는다면 한방 먹이고 싶어하는 나라이다. 그러나 그렇다고 해서 가만히 맞고 있을 나라가 어디 있겠는가? '전쟁의 세기'인 20세기를 지나며 많은 나라들이 막강한 군사력을 갖추게 되었다. 아메리카합중국은 자신에게 강력하게 맞설 수 있는 나라와 전쟁을 벌이지 않는다. 2차대전 이후에 이 나라는 한방 먹여도 별탈 없을, 그러나 일단 한방 먹여서 항복을 받은 뒤에는 엄청난 이권을 챙길 수 있는 나라들을 상대로 해서 전쟁을 벌여왔다. 그렇게 했다가 베트남전쟁에서 된통 당하기는 했지만, 그래도 역시 만만한 건 가난하고 힘없는 나라들이었다.

소련을 '악의 제국'이라고 부르며 한껏 위세를 떨었던 레이건은 기껏 그레나다를 침공했고, 아버지 부시는 쿠웨이트의 해방을 빌미로 이라크를 박살냈고, 클린턴은 연애행각에 대한 비난의 화살을 돌리기 위해 코소보를 공습했고, 아들 부시는 다시 아버지의 뒤를 이어 이라크를 박살 내려 하고 있다. 전체적인 국력으로나 보나, 적을 제압할 수 있는 군사력으로 보나, 이 나라들은 아메리카합중국과 겨룰 수 있는 상대들이 아니다. 아메리카합중국이 단순히 힘을 과시하고자 하는 욕망에 사로잡혀 전쟁을 벌이는 것이라면, 당연히 소말리아나 아프가니스탄과 같은 가난하기 짝이 없는 나라들을 상대로 전쟁을 벌이지 않고, 영국이나 프랑스처럼 돈 많고 힘센 나라들을 상대로 전쟁을 벌여야 옳을 것이다. 아메리카합중국이 이렇게 하지 않는 이유는, 이런 나라들과 같은 이해관계로 맺어져 있기 때문이지만 또한 이런 나라들과 전쟁을 벌여서는 남는 게 없기 때문이다.

2003년 2월 15일, 부시의 이라크침공을 막기 위한 세계적인 반전시위가 열렸다. 이 시위에는 1천만 명이 넘는 사람들이 참여했다. 역사상 최대의 반전시위가 열린 것이다. 그러나 이런 시위에도 불구하고 부시의 태도는 강경하기만 하다. 사흘 뒤인 2003년 2월 18일, 부시는 이 시위의 영향을 받는 것은 "특정 집단의 판단에 따라 정책을 결정하는 것과 같다"며 "지도자의 역할은 국민의 안보에 근거해 정책을 결정하는 것이다"라고 주장했다. '전쟁광'의 눈에 전쟁을 반대하는 시위에 참여한 1천만 명이 넘는 세계의 사람들이 단순히 '특정 집단'으로 보인 것은 어쩌면 당연한 일인지도 모른다. 이런 주장은 부시가 역시 '보통사람'은 아니라는 것을 새삼 확인해 준 것이라고 하겠다. 그는 전쟁의 루비콘강을 넘기 위해 안달이 난 사람 같다. 그러나 그가 루비콘강을 넘는 순간 이라크의 수많은 사람들이 목숨을 잃거나 다치게 될 것이다. 부시에게는 그렇게 할 권리가 없다.

세계적인 반전시위가 열리고, 세계 각국의 미국대사관에서는 세계평화에 대한 위협이 이라크가 아니라 부시 대통령이라는 인식이 널리 퍼지고 있다고 보고했다고 한다. 사담 후세인이 문제라는 인식은 전혀 없었고, 한 동맹국에서는 부시가 적으로 여겨지기도 했다고 한다(『한겨레』 2003. 2. 25). 이런 정황으로 보면, 부시는 세계인을 상대로 '오기싸움'을 하고 있다는 생각이 들기도 한다. 그는 자신의 잘못을 인정하고 바로잡을 수 있는 성숙한 인격을 가지고 있지 않은 것이다. 그의 말대로 그에게는 '텍사스의 술집'이 어울릴 것 같다.

그는 자신이 신의 도움으로 술을 끊고 백악관에 들어가게 되었다고 말한다. 그런데 도대체 어떻게 술을 끊은 사람이 술에 취한 사람보다도 더 제정신이 아닌 것처럼 보이는 걸까? 정말 신이 그를 도와 술을 끊도록 해주었다면, 그건 정말 신의 실수라고 하지 않을 수 없다.

폴 크루그먼은 2003년 2월 말에 『뉴욕타임스』에 쓴 칼럼에서 부시는 '거짓말쟁이'라고 말했다. 부시정권은 "약속을 지키고 진실을 말하는 것"에 문제가 있다는 것이다. 이런 부시정권이 신뢰를 지극히 중시하고 있다는 것은 재미난 사실이라고 그는 지적한다. 부시정권은 "이미 군사배치를 다한 마당에 공격을 하지 않으면 세계가 미국을 우습게 볼 것"이라는 식으로 신뢰를 강조해서 이라크전쟁을 정당화하고 있다는 것이다. 그는 부시정권이 "이라크에 불리한 여러 증거들을 끊임없이 제시하고 있지만 결국은 잘못된 것이거나 가치가 없는 것으로 판명이 나고 있다"고 지적한다. 그리고 정말 신뢰를 지켜야 할 대외관계에서 부시정권은 거짓말을 계속하고 있으며, 경제정책에서 부시정권의 거짓말은 '거의 병적인 수준'에 이르렀다고 한다(『한국일보』 2003. 2. 27). 뉘우칠 줄 모르는 거짓말쟁이 때문에 세계가 고통을 받고 있는 것이다.

폴 크루그먼이 잘 지적했듯이, 부시는 전쟁을 좋아할 뿐 아니라 거짓말도 좋아하는 사람이다. 그가 이라크를 공격하려는 명분은 이라크가 대량살상무기를 개발해서 국제질서를 위협하고 있으며, 알 카에다와 관련을 맺고 9·11공격사건을 일으켰을 가능성이 있다는 것이다. 그러나 정작 이라크에 대한 유엔의 무기사찰을 방해한 것은 후세인이 아니라 미국정부라고 한다. 이라크가 대량살상무기를 가지고 있지 않다는 것이 드러날 경우에 미국으로서는 이라크를 침공할 가장 중요한 명분을 잃게 되기 때문이다. 나아가 알 카에다와의 연관에 관한 부시정권의 주장은 더욱더 근거가 없는 것이다. 빈 라덴이 범죄자라면 그를 잡아 족칠 일이지, 왜 후세인을 죽이려고 하는가? 부시정권은 알 카에다와 이라크의 연관에 대해 어떤 구체적인 증거도 제시하지 못하고 있다. 부시와 그 일파는 알 카에다에 대한 대중의 두려움과 복수심을 후세인에게로 연결시켜 이라크침공을 정당화하려는 천박한 선동전술을 쓰고 있을 뿐이다.

2002년 9월에 영국의 첩보기관은 이라크가 금지된 핵활동을 하고 있음을 보여주는 '증거'라며 55쪽 분량의 문건을 공개했다. 그러나 국제원자력기구에서 조사해 본 결과, 이 문건의 이름과 서명 등이 모두 가짜로 드러났다. 조작된 문건일 가능성이 높은 것이다. 그동안 영국 정보당국은 이 문건을 증거로 삼아 후세인 대통령이 핵무기를 개발하려고 아프리카에서 우라늄을 사들이려 했다고 주장해 왔다. 그러나 사실상 이 증거가 날조된 것으로 확인된 셈이다. 미국 중앙정보국과 영국 첩보기관은 그동안 유엔사찰단에 이라크의 핵무기 개발 및 대량살상무기 개발에 관한 많은 정보를 제공해 왔는데, 이 정보의 신뢰성에 큰 의혹이 제기되기에 이른 것이다. 2003년 3월 7일, 유엔안보리에 사찰결과를 보고하면서 모하메드 엘바라데이 국제원자력기구 사무총장 등 사찰단의 고위관계자들은 자신들에게 주어진 정보의 질에 절망했다고 말했다 한다(『대한매일』2003. 3. 10). 부시와 블레어가 이라크를 침공해서 석유를 손에 넣기 위해 어떤 부정한 일을 하고 있는가를 잘 보여주는 예이다.

'불량국가'의 대량살상무기 개발을 빌미로 강력한 전쟁정책을 밀고 나가는 부시정권은 2003년 여름부터 소규모 지하시설 파괴용 핵폭탄 등 차세대 핵무기 개발과 이를 위한 핵실험 유예조치를 해제하는 논의를 본격화하기로 했다. 이미 2002년에 미국은 핵공격 대상국으로 북한과 이라크를 비롯한 7개국을 꼽고, 핵공격에 적절한 차세대 핵무기 개발의 필요성을 제기하고, '부시독트린'으로 선제공격까지 명문화했다. 이에 따른 후속조치로 차세대 핵무기 개발을 본격적으로 추진하고 있는 것이다. 이를 위해 부시정권은 미국이 가입하기는 했으나 공화당이 지배하는 의회가 비준을 거부한 '포괄핵실험금지조약'(CTBT)을 아예 탈퇴하거나, 1992년부터 핵강국들과의 합의에 따라 유지해 오고 있는 핵실험 유예조치를 해체하는 방안도 검토하고 있다.

예전에 레이건이 '전략방어구상'(SDI)을 추진해서 세계적인 군비증강경쟁을 불러일으켰던 것처럼 부시는 새로운 군비증강경쟁을 불러일으키려 하고 있다. 이라크침공은 이런 무서운 변화로 나아가기 위한 '전쟁광'의 준비운동인지도 모른다. 전쟁국가 미국은 이런 전쟁광들을 계속 낳을 것이다. 우리가 미국에 반대해야 하는 이유, '반미'의 정당성과 필요성을 '전쟁광' 부시는 분명하게 보여주고 있다.

이라크침공의 특징과 반전운동

　아들 부시가 아버지 부시의 뒤를 이어 벌이려는 제2차 이라크침공은 세 가지 특징을 갖는다. 첫째, 그것은 '석유확보전쟁'이다. 이라크의 석유 매장량은 세계 2위의 수준으로, 1120억 배럴이 넘는 것으로 추정된다. 비만국가 미국으로서는 군침을 흘리지 않을 수 없는 막대한 양의 석유가 이라크에 매장되어 있는 것이다. 미국은 1980년대 말부터 이라크와 관계가 나빠지면서 이라크의 석유개발에서 빠지게 되었다. 아들 부시는 후세인을 없애서 이라크의 석유개발과 관련된 기존의 계약관계를 모두 무효로 만들고 이라크의 막대한 석유를 미국기업들이 장악하도록 하기 위해 세계의 비난을 무릅쓰고 한사코 전쟁을 벌이려는 것이다. 부시가 내세우는 '정의'의 수사는 사실 더러운 욕심을 가리는 포장일 뿐이다.

　둘째, 그것은 '일방적인 학살전쟁'이다. 미군은 세계 최고의 무장력을 갖추고 있다. 병사 하나하나가 위성과 연결되어 '우주전'을 치를 수 있다. 이에 비해 이라크군의 무장은 '원시적'이라고 할 수 있을 것이다. 아버지 부시 때처럼 아들 부시의 병사들도 이라크병사들을 무참히 학살하게 될 것이다. 그리고 이 과정에서 많은 민간인들이 학살될 것이다. 미군의 크루즈미사일은 민간인들이 숨어 있는 방공호의 콘크리트를 뚫고 들어가 한 사람도 남겨두지 않고 모조리 죽여버릴 것이다. 아버지 부시는 바그다드의 알아마리야 대피소를 미사일로 공격했다. 미사일은 대피소 천장을 깨고 들어가 400명이 넘는 민간인들을 죽여버렸다. 사상자가 별로 없었던 미군에게 걸프전은 '스마트전쟁'이었는지 몰라도, 대피소에서조차 미사일을 피할 수 없었던 이라크인에게 스마트전쟁은 없었다. 아들 부시는 아버지 부시 때보다 한층 강력해진 군사력으로 이라크를 조기에

反戦

제압할 계획을 세웠다. 엄청난 물량공세를 퍼부어 이라크군을 조기에 무기력하게 만들겠다는 것이다. 수많은 사람들이 아들 부시의 무자비한 공격에 목숨을 잃게 될 것이다.

셋째, 그것은 '인류문화유산 파괴전쟁'이다. 이라크는 인류문명의 발상지이다. 티그리스강과 유프라테스강에 기대어 인류 3대문명의 하나인 메소포타미아문명이 이루어졌다. 바그다드는 물론이고 이라크 전역은 7천 년 인류문명의 역사를 생생하게 보여주는 곳이다. 인류문명의 생성과 변천을 보여주는 역사문화적 가치를 가지는 곳이 이라크이고, 바그다드인 것이다. 바그다드는 오랫동안 아랍문명의 중심지였다. 또한 수천 년 전부터 이곳은 문명교류의 중심지였다. 이 때문에 이곳은 '아라비안나이트'의 도시가 되었다.

그런데 부시정권은 엄청난 양의 폭탄으로 이런 문화유산을 파괴하려하고 있다(『대한매일』 2003. 2. 27). 스마트전쟁을 주장하고 있지만, 아버지 부시의 이라크전쟁에서 알 수 있었듯이 그리고 그 뒤의 코소보전쟁에서 알 수 있었듯이, 전쟁터에서 스마트전쟁이란 없다. 부시정권은 인류역사를 파괴하게 될 것이다. 그것은 다시는 복원될 수 없을 것이다.

아들 부시의 이라크침공은 무엇보다 일방적인 파괴로 나타날 것이다. 이것은 부시정권이 핵폭탄급 재래폭탄을 사용할 계획이라는 데서도 알 수 있다. 이 폭탄은 '공중폭발대형폭탄'이라는 뜻의 MOAB(massive ordnance air burst)로 이름붙여졌는데, 베트남전쟁에서 처음 사용되었던 '데이지 커터' 폭탄을 더욱 강력하게 개량한 것이다. 데이지 커터의 최신형은 2001년의 아프가니스탄전쟁에서 사용되었는데, 수송기에서 투하되어 지상 3m 위에서 폭발해 지름 500m 이내의 지역을 무산소상태로 만들었다. 그러나 MOAB는 이보다 훨씬 강력해서 소형 핵무기와 비슷할 것이라고 한다. 강력한 파괴력으로 빠른 시간 안에 이라크군을 박살내는 것이 부시정권의 기본 전략인 것이다. 아들 부시가 일단 이라크침공을 시작하면, 일방적인 학살과 인류문화유산의 파괴는 막을 수 없을 것이다. 이렇게 해서 그는 이성에 대한 우리의 믿음에 다시 한번 큰 상처를 입히고 말 것이다.

2003년 2월 15일, 세계 600여 개 도시에서 1150여만 명이 참여한 반전시위가 열렸다. 부시의 이라크침공에 세계가 반대하고 있다는 것을 분명하게 보여준 시위였다. 세계는 분명히 부시의 이라크침공에 반대한다. 그러나 부시와 그의 동료들은 그렇지 않다. 딕 체니, 도널드 럼스펠드, 콘돌리자 라이스 등은 미국 단독으로도 이라크침공을 강행하겠다고 계속 주장하고 있다. 지구온난화를 막기 위한 교토의정서의 비준을 반대해서 이미 '지구의 적'으로 찍힌 부시는 다시금 이 세상의 평화를 해치는 '지구의 적'으로 찍히게 되었다. 우리는 그의 동료들도 마땅히 같은 목록에 이름을 올리고 길이 기억해야 할 것이다.

반전의 열기가 너무나 거세기 때문에 이런 반전의 열기를 무시하는 부시의 태도는 이상하게 여겨지기도 한다. 이에 대해서 크게 두 가지 분석이 제시되었다. 하나는 그가 강력한 복음주의 신앙을 가지고 있기 때문에 이라크침공을 무조건적으로 밀고 나간다는 것이다. 이라크침공은 '이라크해방'이며 나아가 '아랍의 해방'으로 이어질 것이라는 극보수주의적인 신앙관이 무리한 이라크침공의 동력이 되었다는 것이다.

또 하나는 그가 스승으로 모시는 레이건의 흉내를 내고 있다는 것이다. 아들 부시는 이분법적 세계관, 패권주의, 군사주의의 모든 면에서 레이건을 고스란히 따라하고 있다. 레이건은 모든 것을 힘으로 밀어붙여서 관철시키고자 했고 대부분 큰 성공을 거두었다. 민주당은 레이건의 기세에 눌려서 그냥 따라갈 수밖에 없었다. 영화배우 출신답게 레이건은 미국의 대중이 단순한 문화적 코드에 약하다는 사실을 잘 알고 있었다. 그는 람보에 대한 대중의 열광에서 커다란 정치적 가능성을 읽었다. 미국의 대중은 선악 이분법에 길들여져 있고, 이것을 정치적으로 동원하는 것은 그렇게 어려운 일이 아니었다. 레이건은 성공했고, 그 결과 미국은 실패하고 말았다.

부시가 남다른 신앙관을 가지고 있고, 또 독실한 신앙생활을 하고 있는 것은 사실인 것 같다. 그러나 그렇다고 해서 그의 이라크침공을 그의 신앙관이나 신앙생활로는 설명할 수 없을 것 같다. 세속의 일은 세속의 일로 설명되어야 한다. 그는 무엇보다 재선을 위해 레이건을 흉내내고 있으며, 바로 이런 점에서 이라크침공을 감행하려 하고 있는 것이다. 이라크의 막대한 석유자원을 손에 넣게 된다면, 부시의 인기는 더욱 높아질 것이다. 부시는 늘 신의 이름을 들먹이고 있지만, 그러나 그것은 사실 추악한 욕심을 감추려는 닳고닳은 말놀음이다. 부시의 관심은 오직 재선과 석유에 있을 뿐이다.

부시와 그 일파는 '탐욕의 전쟁'을 '정의의 전쟁'으로, 심지어 '신의 전쟁'으로 정당화하려고 온갖 애를 다 쓰고 있다. 그러나 물론 그 말에 속아넘어가는 사람은 없다. 이 때문에 부시 일파는 탐욕의 전쟁에서 이기기 위해 다른 나라들을 매수하는 정책을 폈다. 대표적인 나라가 바로 터키이다. 터키는 이라크의 북쪽에 자리잡고 있기 때문에 이곳에 주력군을 주둔시켜서 이라크를 공격하려고 했던 것이다. 그러나 부시의 희망은 물거품이 되고 말았다.

2003년 3월 1일, 터키의회는 미군의 터키주둔 허용안을 부결시켰다.

미국은 터키를 150억 달러의 경제지원안으로 매수하려고 했다. 터키의
회는 90％를 넘는 반전여론에도 불구하고 경제활성화를 위해 이 거래에
응할 생각이었다. 그러나 2월 초에 조급해진 체니 부통령이 압둘라 굴
터키 총리에게 '최후통첩성' 전화를 걸었다. 미국의 이런 '협박'에 격분한
터키의회는 결국 거래에 응하지 않기로 결정했다.

같은 날, 22개 아랍국가들이 참석한 아랍정상회의가 이라크에 대한
전쟁을 반대하고 미국 쪽에 가담하지 않겠다는 공동선언을 채택했다.
미국은 이 회의가 최소한 '중립'을 지켜주기를 원했다. 아랍국가조차 후
세인을 지지하지 않는다는 명분을 내세우려고 했기 때문이다. 자신이
저지르고 있는 명백한 잘못에 다른 사람들이 쉽게 동조해 주기를 바라
는 것부터 잘못이었다고 하지 않을 수 없다. 미국은 지금 아주 깊은 병에
걸려 있다.

2003년 3월 5일, 부시는 이라크공격을 위한 전시(戰時) 내각회의를
소집했다. 그리고 이 자리에서 토미 프랭크스 중부군사령관은 "이라크
를 점령하고 사담 후세인을 축출할 준비가 돼 있다"고 보고했다고 한다.

같은 날, 한스 블릭스 유엔무기사찰단장은 이라크의 알 사무드 2 미사
일 파기이행에 대해 '진정한 무장해제'라고 평가했다. 유엔은 이라크의
변화를 분명히 인정하고 있는데, 미국은 이런 유엔의 판단을 무시하고
침공의 길로 한걸음 더 나아갔다.

3월 6일, 침공을 피하기 위해 이라크가 새로운 노력을 기울이기 시작
했으나 부시는 이런 노력을 무시하며 "이라크의 무장해제는 사기극"이
라고 주장했다.

3월 7일, 블릭스 위원장은 뉴욕의 유엔본부에서 최종 사찰보고서를
제출하면서 "우리는 이쑤시개 파괴를 지켜보고 있지 않다. 치명적인 무

2003년 3월 9일, 경기도 파주 임진강변에서 한미합동훈련을 하고 있는 주한미군 2사단 소속 미군. 이들은 크고 작은 범죄로
인근주민들에게 피해를 입혀왔다

기들이 파괴되고 있다"고 말했다. 부시의 '사기극' 주장을 정면으로 반박한 것이다. 그리고 그는 "이라크의 무장해제를 위해서는 몇 년이나 몇 주가 아니라 몇 달이 더 걸릴 것"이라고 말했다. 필요한 것은 추가사찰이지 침공이 아니라는 것이다.

같은 날, 영국은 이라크침공에 관한 수정안을 유엔안전보장이사회에 제출했다. 이 수정안은 "이라크가 3월 17일까지 무장해제 의무에 관해 전적이고, 무조건적이며, 즉각적이고, 적극적으로 협력할 것과 유엔결의에 의해 금지된 모든 무기와 관련 장비·구조물을 폐기했다는 정보를 사찰단에 넘길 것"을 요구했다. 이에 대해 도미니크 드 빌팽 프랑스 외무장관은 '전쟁의 논리'라고 규정했다.

부시는 자꾸 신의 이름으로 탐욕의 전쟁을 정당화하려고 한다. 그러나 그의 주장을 지지하는 종교지도자들은 거의 없는 것으로 보인다. 물론 한국의 일부 어리석은 종교인들처럼 부시를 지지하는 사람들도 없지는 않다. 그러나 주요한 종교지도자들은 그가 신의 이름을 들먹이는 것부터 문제로 여기고 있다.

부시의 집안은 본래 성공회에 속했으나 결혼과 함께 부시는 부인을 따라 감리교도가 되었고, 1985년에 빌리 그레이엄 목사를 만나고 나서 독실한 신앙인이 되었다고 한다. 이라크침공은 이런 그의 신앙과 무관하지는 않은 것 같다. 그리고 광신이 역사의 퇴보에 큰 영향을 미친 경우는 너무나 많다. 부시의 이라크침공도 그런 상황의 또 하나의 예라고 할 수 있을 것이다. 그러나 그의 광신은 종교지도자들로부터도 거부당하고 있다.

복음주의의 한 교단인 남침례교회의 신도들은 백악관의 '근위병'이라는 평을 듣고 있다. 그만큼 부시가 극보수주의 교리에 빠져 있다는 것이다. 그러나 그가 속한 연합감리교단에서는 반전의 외침이 들리고 있다. 개신교를 대표하는 미국기독교협의회(NCC)에서 부시의 침공을 반대하는 것은 물론이다. 부시의 광신적 침공행위를 막으려는 기독교의 노력은 계속 이어지고 있다.

2003년 3월 2일, 프리츠 리츠라는 장로교목사는 『워싱턴포스트』에 기고한 글에서 "대통령은 신학자들과 대화하지 않고 공직자로서의 권위를 이용해 신학에 대해 말할 수 있다고 믿는 게 분명하다. …언제부터 대통령이 최고의 신학자가 됐느냐"고 비판했다(『한겨레』 2003. 3. 6).

부시가 전시내각을 소집한 3월 5일, 그는 교황 요한 바오로 2세의 특사인 피로 라기 추기경을 만나 대화를 나누었다. 이 자리에서 부시는 사담 후세인이 제거되어야 세상이 훨씬 더 나아질 것이라고 말하고, 미국민에 대한 자신의 의무감과 이라크국민도 보호하겠다는 뜻을 밝혔다고 한다. 이 대화에 대해 라기 추기경은 실망의 뜻을 감추지 않았다. 교황은 그 누구보다 강하게 부시의 이라크침공에 반대하고 있다. 라기 추기경은 "유엔의 지지 없는 이라크 선제공격은 비도덕적"이라는 교황의 메시지를 전했으나, "부시 대통령으로부터 새로운 것을 들을 수 없었다"고 말했다.

2003년 3월 5일, 부시의 침공계획에 대해 조지프 스티글리츠를 비롯한 노벨경제학상 수상자 7명을 포함한 미국의 저명한 경제학자들은 부시의 '이라크전쟁'이 부정적인 경제결과를 낳을 것이라고 지적하며 부시의 침공에 대한 반대의 뜻을 분명하게 밝혔다.

같은 날, 미국·영국·스페인·오스트레일리아·스웨덴·이집트 등에서 대규모 '반전·반미' 시위가 다시 열렸다. 특히 미국에서는 수만여 명의 고교생 및 대학생들이 "전쟁 대신에 책을"이란 구호를 내걸고 부시의 이라크침공에 반대하는 시위를 벌였다. 이 시위는 베트남전 이후 최대 규모로 기록되었다.

반전시위와 실력행사는 계속된다. 3월 7일, 유럽노조연맹은 14일 정오를 기해 유럽 전역에서 평화적인 이라크 무장해제를 지지하는 동맹파업에 돌입할 것을 촉구했다. 이탈리아에서는 반전시위대가 "죽음의 열차를 막자"는 구호를 걸고 미군의 군수물자 수송을 막기 위해 열차운행을 잠시 동안 막는 실력행사를 벌이기도 했다.

부시의 무도한 이라크 침공계획은 반전운동의 폭을 크게 넓혀주었다. 부시는 사담 후세인이 '전범'으로 재판받을 수도 있을 것이라고 말했다. 이 말은 바로 그 자신에게 돌려져야 한다. 부시는 후세인이 양민을 죽이거나 하부구조를 파괴하면 전범으로 재판받을 것이라고 했다. 그러나 이런 짓을 저지를 가능성은 부시 쪽이 더 크다. 수천 발의 미사일을 쏘고 대형폭탄을 떨어뜨려서 이라크를 삽시간에 초토화할 계획을 착착 진행 중이다.

이런 초토화작전에서 어떻게 양민을 죽이거나 하부구조를 파괴하지 않을 수 있는가? 부시는 스스로 전범의 길로 달려들고 있다. 반전운동은 그로 하여금 이런 죄를 짓지 않도록 구제해 주려고 한다. 부시는 반전운동에 참여한 세계의 수많은 '양민'들에게 깊이 감사하고, 자신의 잘못을 반성하고, '착한 사람'으로 다시 태어나야 한다. 그렇게 하면 이미 부시가 아니겠지만.

전쟁국가 미국과 정보전쟁

전쟁국가 미국

9·11공격사건은 전쟁국가 아메리카합중국의 성격을 노골적으로 드러내는 계기가 되었다. 걸프전을 일으켰던 아버지의 뒤를 이어 아들 부시는 다시금 이슬람국가와 전쟁을 벌였다. 묘한 우연의 일치가 아닐 수 없다. 역사는 이들을 역사상 가장 용감한 부자로 기억할 것인가, 아니면 역사상 가장 사악한 부자로 기억할 것인가?

아들 부시는 아버지 부시보다 훨씬 더 전쟁을 즐기는 것 같다. 마치 오랫동안 기다리던 기회가 찾아왔다는 듯이, 그는 '테러와의 전쟁'을 선언하더니 급기야 2002년을 '전쟁의 해'로 선포하기에 이르렀다. 아메리카합중국은 세계 최강의 군사력을 가지고 있는 나라이다. 이 나라는 핵폭탄과 같은 거대한 파괴력만이 아니라 잘 훈련되고 잘 무장된 군인들을 가지고 있기도 하다.

예컨대 2002년 초에 개봉된 한 영화는 미군이 얼마나 무서운 살인병기들인가를 잘 보여준다. 리들리 스콧 감독의 〈블랙 호크 다운〉은 1993년에 펼쳐진 미군의 소말리아 침공작전을 다루고 있다. 이 작전에서 미군은 18시간 동안에 무려 1천 명이 넘는 소말리아인들을 학살했지만, 미군의 피해는 단 19명이었다. 하지만 이 영화는 '완전히 새로운 전쟁영화'로 선전되었다. 2002년 2월 1일에 방영된 교육방송(EBS)의 〈시네마천국〉에서는 진행자 중 한 사람인 영화평론가가 이 영화를 가리켜 '박진감 넘치는 영화'라고 한가롭게 소개하기도 했는데, 사람을 그렇게 무참히 죽인 사건을 전적으로 미군의 시각에서 그린 영화를 이렇게 소개해도 좋은 것일까? 그 무렵 한국전쟁에서 미군이 무고한 양민을 무조건 학살했다는 사실이 밝혀지기도 했다. 나치의 학살에는 치를 떨면서도 미군의 학살에 대해서는 환호하는, 이 명백히 반인류적인 편견은 어떻게 만들어졌을까?

나아가 아메리카합중국은, 더글러스 켈너라는 이 나라의 사회학자가 지적하듯이 전쟁을 하나의 스포츠처럼 즐기는 수많은 대중들이 있는 '전사국가'이기도 하다. 이런 나라의 대통령이 '전쟁의 해'를 선포했으니, 이 세계가 도대체 어떻게 될 것인가? 두려운 생각이 들지 않을 수 없다. 이 두려움은 아메리카합중국이 '전쟁국가'라는 사실 때문에 더욱더 커진다.

전쟁국가란 자국의 이익을 실현하기 위한 주요 수단으로 전쟁을 적극적으로 이용하는 국가를 뜻한다. 이런 식으로 전쟁을 벌이기 위해서는 전략핵무기를 중심으로 한 직접적인 물리력 외에도 여러 가지 능력들을 갖춰야 한다. 무엇보다 엄청난 군사비를 감당할 수 있는 경제력이 필요하다. 그리고 무기를 개발·생산할 수 있는 과학기술력도 반드시 필요하다. 또한 적국은 말할 것도 없고 세계의 모든 나라와 사람들에 대한 정보를 모으고 정리할 수 있는 정보력이 꼭 필요하다. 더불어 전쟁의 대의를 널리 선전하고 세계의 모든 사람들을 상대로 깜짝쇼나 사기극을 펼칠 수 있는 매체력도 꼭 있어야 한다. 한 나라가 전쟁국가가 되기 위해서는 이러한 다섯 가지 힘을 두루 갖추고 있어야 한다.

지금 이 세계에서 직접적인 물리력을 포함한 다섯 가지 힘을 잘 갖추고 있는 나라는 아메리카합중국밖에 없다. 예전의 소련조차도 직접적인 물리력과 과학기술력만 가지고 있었을 뿐이다. 그러니까 냉전시대에도 진정한 전쟁국가는 사실 아메리카합중국밖에 없었던 것이다. 세계의 평화는 이 나라의 엄청난 힘을 통제할 수 있는 가능성과 밀접한 관계가 있다. 아들 부시는 이 사실을 그 누구보다 잘 보여주고 있다.

정보전쟁의 시대

전쟁은 단순히 직접적인 물리력의 충돌이 아니다. 그 원인도 과정도 결과도 결코 단순히 직접적인 물리력의 충돌만으로 이루어지지 않는다. 전쟁의 정치적 차원을 새삼스럽게 강조하기 위해 이런 말을 하는 것은 아니다. 그것보다는 오늘날의 전쟁에서는 물리적 파괴뿐만 아니라 정보의 흐름을 파괴하고 통제하는 활동의 중요성이 갈수록 커지고 있다는 것을 강조하려는 것이다. 이것을 나는 '정보사회의 형성과 정보전쟁의 강화'로 요약하고 싶다.

사실 정보화에 관한 군사부문의 영향은 거의 절대적이었다. 예컨대 컴퓨터는 1940년대에 미사일의 탄도를 계산할 목적으로 개발되었고, 인터넷은 60년대에 그 미사일의 공격에서 살아남을 수 있는 정보통신망을 세우기 위한 목적으로 개발되었다. 이런 점에서 정보사회를 아예 '군사정보사회'로 부르는 학자도 있으며, 군사정보통신망인 C3I 체계는 현대의 가장 발달한 정보통신망이기도 하다. 군이 정보사회를 말하지 않더라도 전쟁에서 정보는 언제나 중요했다. 이 점을 조금 강조해서 말한다면, 모든 전쟁은 정보전쟁이었다고 해도 좋을 것이다. 그러나 정보기술의 발달과 함께 정보전쟁은 크게 변했다. 제임스 본드로 상징되는 스파이의 중요성은 여전히 크지만, 오늘날 정보전쟁을 주도하는 것은 고도로 발달한 정보기술이다.

이러한 정보전쟁을 나는 크게 세 유형으로 나누어볼 수 있다고 생각한다. 첫째, 사이퍼(cypher)전쟁이다. 이것은 적의 통신을 도·감청하고 암호를 해독하는 활동을 뜻한다. 오늘날 이 활동은 우주에 떠 있는 위성까지도 이용해서 진행된다. 또한 그 대상은 직접적인 적뿐만 아니라 우방국들과 자국민들까지도 포함하게 되었다. 사이퍼전쟁은 자신에 관한 정보는 철저히 감춘 채 타자에 대한 정보는 어떤 것이나 수집하고 처리함으로써, 이 세계를 완벽히 통제·지배하려는 활동이다.

둘째, 미디어(media)전쟁이다. 이것은 각종 대중매체를 이용해서 정보를 조작하고 사람들의 의식을 왜곡하는 활동을 뜻한다. 사실의 보도부터 영화와 같은 허구물에 이르기까지 오늘날 대중매체는 전쟁을 위해 널리 이용되고 있다.

셋째, 사이버(cyber)전쟁이다. 이것은 그 전략적 중요성이 갈수록 커지고 있는 사이버공간의 이용을 둘러싸고 벌어지는 적대적 활동을 뜻한다. 인터넷이라는 새로운 정보통신망을 무력화하는 활동이라는 점에서 이것은 90년대 들어와 새롭게 나타난 정보전쟁이라고 하겠다.

오늘날 우리는 이러한 세 가지 유형의 정보전쟁이 일상적으로 벌어지고 있는 시대를 살고 있다. 총성이 울리지 않고 미사일이 하늘을 가르지 않더라도 어디선가 정보전쟁이 벌어지고 있다. 그리고 다시 말할 것도 없이 아메리카합중국은 정보전쟁에서도 세계 최강을 자랑한다. 이 나라가 정보전쟁을 위해 얼마나 많은 사람과 재원을 쓰고 있는가는 물론 철저한 비밀이다. 간혹 조금씩 드러나는 그 실체를 보노라면, 이 나라에서 〈X파일〉과 같은 편집증적 TV물이 만들어지는 이유를 짐작할 수 있게 된다. 모든 사람들이 자기도 모르는 새 언제 어디서나 감시받을 수 있고, 또 자기도 모르는 새 그렇게 수집된 정보가 처리되어 어딘가에 계속 쌓여간다. 〈X파일〉의 편집증은 이러한 생생한 현실의 산물이다.

세 가지 정보전쟁은 정보기술의 발달과 함께 제시된 차례대로 나타났다. 현대의 정보전쟁은 유무선 통신의 등장과 함께 나타난 사이퍼전쟁으로 시작되었다. 오늘날 아메리카합중국은 말 그대로 이 세상의 모든 사람을 대상으로 사이퍼전쟁을 펼치고 있다. 다음으로 2차대전이 시작

미국은 북한을 악의 축으로 규정하고 응징의 기회만 노리고 있다. 전쟁에 굶주린 미국에게 북한의 아이들은 '새끼악마'일 뿐이다. 남쪽에서 온 손님들을 환영하는 북한소년(2001. 8. 15)

84

될 무렵부터 대중매체의 시대가 전개됨에 따라 그것을 이용한 미디어전쟁이 시작되었다. 미디어전쟁은 라디오에서 텔레비전으로 변해 가는데, 라디오는 2차대전 때 나치가 가장 잘 이용했다면, 텔레비전은 걸프전 때 아메리카합중국 정부가 가장 잘 이용했다. 마지막으로 사이버전쟁은 90년대 이후에 나타난 최신의 정보전쟁이며, 이 분야에서도 아메리카합중국은 어떤 나라보다도 앞서 있다.

사이퍼전쟁

2002년 1월, 중국 장쩌민 국가주석의 전용기에서 여러 개의 도청장치들이 발견되었다. 비행기가 보잉기였으니 당연히 아메리카합중국의 정보기관들이 했을 것으로 추정되었다. 이 기관들은 이미 동서 베를린장벽 속에 터널을 뚫어 소련정보원들의 전화선을 도청했고 모스크바 외곽의 극비 통신센터의 지하 하수도관에 도청장치를 설비했던 화려한 전력을 가지고 있다. 그러니 이 사건을 계기로 다시금 아메리카합중국의 정보기관들에 대해 세계의 이목이 쏠린 것은 당연한 일이었다. 우리에게 가장 잘 알려진 것은 중앙정보국(CIA)과 연방수사국(FBI)이지만, 더욱 은밀하게 사이퍼전쟁을 수행하는 기관은 국가안보국(NSA)과 국가정찰국(NRO)으로 알려져 있다.

먼저 NRO는 1960년 5월의 U2기 격추사건을 계기로 1961년에 설립되었으나 1992년에야 그런 사실이 비밀에서 해제된 극비조직이다. 아메리카합중국의 정찰위성을 관장하는 이 기관은 적외선 열 레이더를 통해 이미지와 움직임을 포착하고, 라디오와 극초단파를 통해 음성을 식별하며, 원거리에 있는 목표물의 화학적 성분까지 파악할 수 있다고 한다. 또한 이렇게 수집된 정보는 1급비밀보다 한 단계 위인 특수정보(SCI)로 분류되어 극비리에 처리된다고 한다. 이 조직에서 사용하는 연간예산은

60억 달러(약 7조 8000억 원)로 추정되고 있다(『동아일보』 2002. 1. 22).

NRO에 비해 NSA는 이제 좀더 익숙한 기관이 되었다. 할리우드에서는 이 기관의 활동을 문제삼은 〈에너미 오브 스테이트〉 같은 영화가 만들어지기도 했다. NSA는 1952년에 당시 트루먼 대통령의 명령에 따라 아메리카합중국 국방부 소속 정보기관으로 발족했으며, 이 세상의 모든 나라와 사람들을 대상으로 통신감청을 통한 정보수집과 암호해독을 전문적으로 수행하는 극비정보기관이다. NRO와 마찬가지로 NSA의 존재도 창설되고 30년이 흐른 뒤에야 세상에 공개되었다. 3만 8천 명의 현역 군인 및 민간인이 NSA에서 일하고 있으며, CIA보다도 훨씬 많은 인력과 예산을 쓰고 있으면서도 의회로부터는 훨씬 독립적으로 막강한 권력을 행사하고 있다(뱀퍼드, 『미 국가안보국 NSA』, 서울문화사 2001).

2차대전 이후에 소련과의 냉전에서 이기기 위해 OSS를 고쳐 새롭게 만든 CIA가 세계 각지에서 저지른 악행들은 이미 잘 알려져 있다. 그런데 CIA가 전통적인 스파이를 중심으로 활동하는 기관이라면, NRO와 NSA는 고도로 발달한 정보기술을 이용하여 첩보활동을 펼치는 기관이다. 가장 널리 알려진 예로는 현재 NSA가 그 운영을 주도하고 있는 '에셜론'이라는 암호명의 지구적 도·감청망을 들 수 있다. 에셜론의 존재는 1988년에 던컨 캠벨 기자가 『뉴 스테이츠먼』(*New Statesman*)에 「누군가 듣고 있다」는 제목의 보고서를 발표함으로써 드러났지만, 국내외에서 큰 관심사로 떠오른 것은 그로부터 10년 후인 1998년에 이르러서였다.

'사다리'라는 뜻의 에셜론(Echelon)은 아메리카합중국과 영국이 합작으로 설치한 통신 도청망에서 비롯되었다. 2차대전중에 독일의 통신을 함께 도청했던 두 나라는 1947년에 세계적 규모의 첨단통신 도청망을 만들기 위한 비밀서류를 작성했고, 얼마 뒤에 캐나다·오스트레일리아·

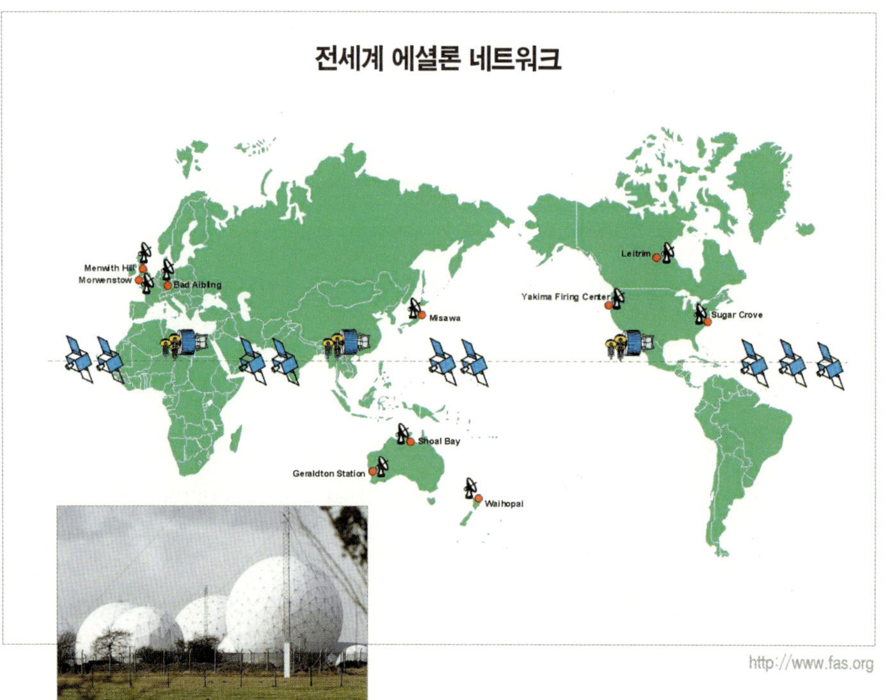

전세계 에셜론 네트워크
Menwith Hill
Morwenstow
Bad Aibling
Misawa
Leitrim
Yakima Firing Center
Sugar Crove
Shoal Bay
Geraldton Station
Waihopai
http://www.fas.org

뉴질랜드가 여기에 참여했다. 앵글로색슨족이 지배하는 기독교국가 5개 국이 뭉쳐서 세계적 규모의 첨단통신 도청망을 만든 것이다. 이 5개국에 설치되어 있는 6개의 첨단 도청기지에서 전세계의 거의 모든 국제통신을 도·감청하는데, 매월 약 1억 건의 통신을 컴퓨터로 분류한 뒤 사안별로 관리하는 것으로 알려졌다. 주요한 도·감청 대상은 산업분야의 정보이지만, 국제사면위원회나 그린피스 같은 비정부기구들까지도 감시하고 있다. 수집된 통신내용은 '사전'이라는 이름의 첨단 컴퓨터를 통해 분류·해독된 뒤에 일단 미국으로 보내졌다가 희망하는 국가들에게 통보된다고 한다(『한겨레』 1998. 4. 11; 1998. 5. 13).

에셜론의 실체는 1999년 11월 3일에 BBC의 보도를 통해 다시 한번 확인되었다. 1998년 초에 그 존재가 폭로되었으나, 아메리카합중국이나 영국은 이 지구적 도청망의 존재 자체를 부인해 왔던 것이다. 그러나 오스트레일리아 정보국의 빌 블릭 감찰감이 BBC에 다시 그 비밀에 관해 털어놓았다. BBC 보도에 따르면, 영국 노스요크셔주의 맨위드 언덕에 미군기지가 있는데, 이 기지에 있는 30여 개의 거대한 골프공 모양의 돔 안에 최첨단 도청시설이 들어 있고 하나하나가 한 시간에 200만 건꼴로 도청을 한다고 한다(『한겨레』 1999. 11. 4). 에셜론의 본부로 알려진 이 기지에 관한 보도로 에셜론에 관한 파문이 다시금 확산되자 미국의회에서도 국가안보국의 도청·감청 방법을 공개하도록 하는 법안이 제출되기도 했다. 그러나 이처럼 미국안보국의 행태를 견제하려는 움직임이 전개되는 한편에서, NSA의 모기관인 미국국방부 자체가 국제전화와 전자우편 등을 도청할 수 있는 '의미의 숲'이라는 이름의 프로그램을 1996년부터 시험하고 있다는 사실이 새롭게 폭로되었다(『한겨레』 1999. 11. 24).

에셜론으로부터 자유로운 나라나 사람은 이 세상의 어디에도 없다. 심지어 미국인들도 미국정부의 정책에 맞서는 한, 에셜론의 감시대상이 된다.

    현재 에셜론을 운영하는 미 국가안보국(NSA)은 그 광범위한 도청망을 자국국민에게도 돌리기 시작했다. NSA에 협조하는 미 중앙정보국(CIA), 미 연방수사국(FBI), 미 국방정보국(DIA)은 NSA를 위해 내국인 감시명단을 제출했다. 이 명단들은 매우 다양해서 급진정치그룹부터 반정부시위에 가담한 일반시민까지 포함하고 있다. 지금까지 확인된 바에 따르면 이 명단에는 미국 내 유명연예인인 제인 폰다와 민권운동가 마틴 루터 킹 목사도 들어 있었다. 더욱 두려운 사실은 이 감시대상이 점점 넓어진다는 사실이다. 이는 감시명단에 들어 있던 사람과 접촉한 사람이나 단체도 그 대상에 포함되기 때문이다. (최영재, 「전세계 도청망 에셜론 공포」, 『신동아』 2000년 4월호)

오직 에셜론을 이용하는 자만이 이것을 통제할 수 있고, 이로부터 일방적으로 이익을 추구할 수 있다. 어쩌면 이것이야말로 그 자체로 '악'이라고 해야 할지도 모른다. 누구나 감시받고 있다는 사실은 누구나 자유롭지 못하다는 것을 뜻하기 때문이다. 아마 에셜론을 통제하는 자들만이 자유롭게 살 수 있을 것이다. 개인이 에셜론에 맞설 수 있는 한 가지 방법은 전자적 도·감청을 기술적으로 막는 것이다. 풀기 어려운 암호기술을 이용해서 전자통신을 한다면, 에셜론과 같은 도·감청망으로부터 비교적 자유로워질 수 있을 것이다. 그러나 바로 이 때문에 도·감청 전문기관인 NSA는 암호기술의 개발과 이용을 강력하게 통제하고 있다.

에셜론은 애초에는 냉전에 대처한다는 명분으로 세워졌다. 그러나 아메리카합중국을 중심으로 한 앵글로색슨계 참여국가들의 경제적 이익을 위해서도 이용되었으며, 프랑스의 항의에서 잘 드러났듯이 냉전이 끝나고 난 뒤에는 더욱더 그런 용도로 이용되고 있다. 물론 앵글로색슨계 국가들만이 에셜론에 참여하고 있는 것은 아니고, 에셜론의 운영과 이용에 따라 가입국들을 세 가지 차원으로 나눌 수 있다. 제1가입국은 아메리카합중국과 영국, 제2가입국은 캐나다와 오스트레일리아와 뉴질랜드, 그리고 나토 소속 국가들과 일본과 한국*이 제3가입국으로 알려져 있으며, 제3가입국은 정보접근권에 제한이 있다고 한다(『중앙일보』 2000. 3. 21).

에셜론을 주도하는 NSA의 문제가 영화로 만들어질 정도로 일반인들의 큰 관심사가 되면서 NSA를 통제할 법안이 마련되기도 했지만, 실제로 법을 통해 NSA를 통제하고 사람들의 인권을 보호할 수 있는 가능성은 거의 없는 것으로 보인다. 이 기관을 통제하기 위해서는 그 비밀을 공개해야 하는데, 그렇게 하면 이 기관과 에셜론의 가치가 크게 떨어지고

---

* "한반도에서 미군이 정보를 수집하는 기지는 험프레이 캠프와 오산 공군기지다. 물론 이 기지가 에셜론에 연계되어 있다는 공식적인 발표는 없다. …험프레이 캠프는 미8군과 서울 남부와 대전 북부의 미군활동을 지원하기 위한 본부다. 이 군사시설은 폭이 1.6km 가량이고 길이는 3.2km에 달한다. …험프레이 캠프는 서울 남쪽 61km 지점과 아산만 서쪽 12.8km 지점에 위치한다. 험프레이 캠프는 6·25 당시에는 평택비행장으로 알려진 곳이다. 이 비행장은 일제시대 일본이 만들었다. 2차대전이 끝난 후에 미공군은 해군소속 공군기와 614전술통제본부를 주둔시키기 위하여 이곳을 보수하고 새 활주로를 만들었다. 1961년에 이 비행장은 험프레이 캠프라고 이름을 바꾸었다. 이는 이 근처에서 헬리콥터 사고로 사망한 벤자민 K. 험프레이를 기념하기 위해서 지은 이름이다. 험프레이 캠프는 1964년 이래로 미8군의 독립적인 사령부로 활동해 왔다. 이후 이 기지는 제23보급기지로 재편되었다. 미군의 모든 재래식 무기와 군수품을 보관하는 군수창고가 된 것이다. 그리고 이곳에는 미8군의 우유공장이 세워졌다. 1974년에 19지원여단의 활동 가운데 하나로 험프레이 캠프는 미육군의 수비대로 다시 재편되었다. 1985년에는 수비대사령부가 전시임무를 수행하기 위해 다시 정비되었다.

오산의 제7비행단은 복합 정보정찰 지상센터다. 이곳은 오산과 평택시에 있는 험프레이기지를 종합적으로 연결하여 전시 지휘·통제를 담당하는 종합센터로 비밀정보 수집활동을 하고 중대한 지휘와 통제지시를 내릴 때 결정적인 정보를 제공하는 일을 한다. 이곳은 적의 통제지휘본부에서 필요한 정보를 수집하는 전문적인 능력을 갖추고 있다. 밤이건 낮이건 궂은 날이건 갠 날이건 거의 실시간으로 한반도를 감시하고 있다. 뿐만 아니라 한반도 상공에 떠 있는 U-2R정찰기도 수집한 정보를 이 센터에 보낸다. 따라서 한반도 전역이 이 정찰센터 범위 안에 들어간다. 이 센터에서 걸러지는 정보는 한반도 주둔 미공군과 한국공군, 미 태평양함대가 공유한다. 이밖에 한반도와 가장 가까운 미국의 정보수집기지는 일본에 있다. 바로 미자와 공군기지다. 미자와 공군기지는 일본 혼슈 북동쪽 오가와라 호수에 있는 미자와 시에 있다. 이 미자와기지 주변에는 4500명의 군인과 군속과 가족들을 합쳐 모두 1500여 명이 거주하고 있으며 10년 동안 무척 커졌다. 이 공군기지는 1945년 9월 미육군 32기계공병단이 기지를 건설한 이래 일본 내 미군기지의 상징적인 존재였다." (최영재, 「전세계 도청망 에셜론 공포」)

말 것이기 때문이다. 아메리카합중국은 에셜론을 통해 세계의 정보전쟁에서 압도적인 우위를 차지하고 있으므로, 에셜론은 물론이고 NSA에 대한 시민의 통제도 결코 허용하려 하지 않을 것이다. '전쟁국가' 아메리카합중국은 이 세계에 대해서, 그리고 그 대다수 국민에 대해서도 좀처럼 길들일 수 없는 괴물이 되었다.

미디어전쟁

오늘날 전세계의 수많은 사람들이 대중매체를 통해 살아가는 데 필요한 온갖 정보를 얻고 있다. 대중매체는 대중을 사로잡기 위한 가장 중요한 수단이며, 대중을 움직이기 위한 가장 강력한 무기이다. 연예인만이 대중매체를 좋아하는 것은 아니다. 오늘날 세계 각국의 많은 정치인들이 연예인만큼이나 대중매체에 정통하며, 정치적 목적을 위해 대중매체를 일상적으로 이용하고 있다. 나아가 정치인들은 연예인들을 이용해서 대중들에게 최면을 거는 방법에 대해서도 잘 알고 있다. 정치인들이 연예인처럼 행동하거나, 연예인이 정치인으로 성공하는 예도 갈수록 늘어난다. 대중매체는 대중사회를 유지하고 운영하기 위한 필수적 도구이므로, 정치인들이 대중매체를 잘 알고 이용한다는 것은 사실 아주 당연한 일이다.

미디어전쟁은 대중매체를 이용해서 자기에게 유리한 정보를 널리 퍼트리고 적에게 유리한 정보가 퍼지는 것을 막는 활동이다. 인간은 생각하는 동물이고, 정보는 생각의 재료이다. 대중매체는 어떤 정보를 대중적으로 널리 퍼뜨림으로써 결국 대중의 생각을 장악하기 위한 가장 효과적인 도구이다. 바로 이 때문에 대중매체는 현대의 대중사회를 구성하고 관리하기 위한 가장 유용한 도구이다. 오늘날의 대중사회에서 권력을 장악하기 위해서는 반드시 대중매체도 장악해야 한다. 대중매체는 국내적으로나 국제적으로나 공공연한 정치적 투쟁의 도구이다. 아메리카합중국의 막강한 힘은 이처럼 중요한 구실을 하는 대중매체를 장악해서 전세계의 정보흐름을 통제하는 데서부터 비롯되는 것이기도 하다.

팔레스타인 베들레헴대학교의 인문대 학장인 아드난 무살람은 『한겨레』 기자와의 인터뷰에서 "아랍과 팔레스타인은 왜곡된 이미지를 바꿀 만한 능력과 수단이 없다"고 말했다. 그 까닭은 "미국인과 서방세계를 상대로 자신의 정당성을 알릴 만한 매체를 갖고 있지 않기" 때문이라는 것이다(『한겨레』 2002. 1. 26). 오늘날 세계의 정보흐름을 아메리카합중국의 대중매체가 장악하고 있다는 것은 너무나 잘 알려진 사실이다. CNN은 세계뉴스의 가장 두드러진 상징이 되었다. 우리는 팔레스타인에 관한 정보는 물론이고 북한에 관한 정보도 아메리카합중국의 대중매체에 크게 의존한다. 무살람 학장의 말은 씁쓸하지만 분명한 사실이다. 이 점에서 카타르의 독립위성방송국인 '알 자지라'는 크게 돋보인다. 이 방송국은 오사마 빈 라덴의 텔레비전 회견을 방영했으며 "미 주류언론의 틈새를 뚫고 사상 처음으로 제3세계 언론의 목소리를 전세계에 보도"했다(이홍환, 「9·11 테러에서 아프간함락까지: 미국의 테러전쟁」, 『신동아』 2002년 1월호). 그러나 전체적으로는 역부족이다.

아메리카합중국은 세계의 모든 사람들을 대상으로 매일 매순간 미디어전쟁을 벌인다. 그 목표는 물론 아메리카합중국을 '선의 제국' 혹은 일종의 '지상낙원'으로 받아들이도록 하는 것이다. 과연 그런가? 제정신을 가진 사람이라면 믿기 어렵겠지만, 그렇게 생각하는 사람들도 많이 있는 것 같다. 지상낙원은 아니더라도, 예컨대 아메리카합중국이 전두환의 광주학살을 "찬동했거나 방조했을 리는 만무하다"고 보는 사람은 있다. 그 이유는 "미국정부가 민주주의의 창달을 표방"하기 때문이라는 것이다(진철수, 「왜 하필 미국인가」, 『사상』 2000년 겨울호).

2002년의 연두연설에서 부시는 북한을 가리켜 '악의 한 축'이라고 말했다. 이와 함께 북한이 보유한 대량살상무기에 관한 의혹에 다시금 불을 지피고 있다. 부시가 우두머리로 있는 아메리카합중국의 공화당무리가 가장 즐겨 사용하는 위기시나리오가 다시금 사용되기 시작한 것이다. 이 '북한위협론' 시나리오는 '중국위협론' '중동위협론'과 함께 냉전이 끝나고 난 뒤에 아메리카합중국의 엄청난 군사력을 유지하기 위한 핵심적 빌미로서, 90년대 내내 사용되었다.

이번에도 '경제의 군사화'라는 고질병이 도져서 이런 막가파식 발언을 하게 된 것으로 보인다. 부시에게는 2002년 2월에 한국을 방문해서 아메리카합중국에서는 더 이상 생산하지 않는 F-15기의 재고물량을 한국 차세대전투기사업의 기종으로 팔아치워야 하는 임무가 있는 터라, 이런 식으로 북한과의 협상이 중요한 한국정부를 압박해서 거래를 쉽게 하려는 것이다. 물론 여기에는 이런 고전적인 목표 외에 다른 목표도 개입되어 있다. 엄청난 정경유착의 파문을 몰고 온 '엔론사태', 미국경제와 부시정권이 얼마나 썩었는가를 보여준 이 사건으로부터 국민의 관심을 다른 쪽으로 옮겨놓기 위해 다시금 중동과 북한의 군사적 위협을 강조하고 나선 것이다. 이런 점에서 부시의 연두연설은 다른 나라, 특히 관련국들을 향한 미디어전쟁이자 자국민을 향한 미디어전쟁이기도 하다. 아들 부시는 아버지의 뒤를 이어 이를테면 '텔레비전을 이용한 양치기 소년'이 되고자 하는 것이다.

아버지 부시가 1991년에 벌인 걸프전은 홍보정책에서 실패했던 베트남전의 교훈을 바탕에 두고 체계적으로 수행된 미디어전쟁이기도 했다. 당시 '풀기자제도'를 비롯한 아메리카합중국 국방부의 꼼꼼한 대응은 결국 무엇보다 이윤원리에 충실한 대중매체를 완전히 복속시켰다. 대중매체들은 멋진 영상이나 특종을 위해 국방부를 거스르지 않는 길을 택했던 것이다.

> 미디어의 전쟁보도의 생산과 그 귀결이라는 점에서 전쟁담론을
> 분석한 결과, 우리는 텔레비전과 주류미디어는 미국정부 정책의
> 프로파간다 기구로 봉사한다고 주장할 수 있다. 미디어는 부시행
> 정부의 '말도 안 되는 거짓말', 예를 들면 부시행정부가 외교적 협
> 상 가능성을 적극적으로 방해했으면서도 이라크와의 외교적 해결
> 을 위해 노력을 기울이고 있다는 식의 거짓말을 끝없이 반복했다.
> (켈너, 『미디어문화』, 새물결 1997, 384쪽)

아들 부시의 아프간전쟁은 물론 아버지 부시의 걸프전과는 여러모로
다르다. 아프간전쟁의 직접적인 원인은 아메리카합중국의 심장부에 대
한 공격이었기 때문이다. 이로부터 나타난 일차적인 차이는 정부의 보
도통제가 걸프전 때보다 훨씬 더 심해졌다는 것이다(『한겨레』 2001. 12.
12). 예컨대 "모든 전쟁정보는 펜타곤이 '먹여주는' 것에 의지할 수밖에
없었다. 펜타곤의 극도의 보도통제 방침은 물론 럼스펠드 장관의 명령
에 따른 것이었다"(이흥환, 앞의 글, 328~29쪽).

아프가니스탄에서 아메리카합중국 군대가 저지른 민간인학살에 대한
보도는 물론이고 빈 라덴의 텔레비전 회견조차 "텔레비전 화면을 이용
해서 은밀히 명령을 전달한다"는 어처구니없는 이유로 통제되었다. 라
덴의 회견에 대한 보도를 통제한 실제 이유는, 그가 살아 있다는 사실로
아메리카합중국 군대의 작전이 부분적인 성공만 거두었다는 것, 다시 말
해 부분적으로 실패하고 말았다는 것이 입증되기 때문이었을 것이다.
아무튼 이런 식의 어처구니없는 보도통제가 시행된 데서 알 수 있듯이,
아들 부시는 아버지보다 미디어전쟁에서 훨씬 유리한 위치에 있다.

9월 11일 사태 직후 언론의 초점은 오로지 '보복' 하나에 맞추어 졌다. 안보전문가든 외교전문가든 논객이든 언론에 이름을 내미는 사람들은 거의 한목소리였다. 군사력을 동원한 보복공격은 선택의 여지가 없는 필수조건이었고, 심지어는 핵보복론에서 이슬람교도 들의 기독교 개종화에 이르기까지 거친 목소리들이 거침없이 쏟아 져 나왔다. (같은 글, 323쪽)

공격을 당했다는 그 사실 때문에 대중들의 애국주의는 그 어느 때보 다 높고, 이 때문에 언론들은 성난 대중들의 비위를 거스르지 않으려 스 스로 조심한다. 그러나 아들 부시가 오늘날 입만 열면 '악의 무리'를 운운 하고 '전쟁의 해'를 선언할 정도로 용감해질 수 있었던 배경에는 아버지 부시의 활약은 물론이고 정치적 아버지에 해당할 레이건의 맹활약이 자 리잡고 있다.

할리우드 영화가 미국의 외교정책노선을 따르는 것은 결코 우 연이 아니다. 영화는 대단히 자본집약적인 산업이고 위험부담이 크므로 문화산업의 제작자들은 사회 · 정치적 추세에 민감하게 반 응해야만 한다. …할리우드의 어드벤처 영화는 자신의 '적'으로서 반드시 사악한 '외국인 타자'를 설정할 필요가 있었으므로 할리우 드와 레이건 그리고 부시는 모두 소련이 맥도날드, 포르노그라피, 범죄 그리고 자본주의를 향해 돌아서고 있는 바로 그 순간에 할리 우드 영화와 미국정치의 서사에 필수적인 정치적 악마를 만들기 위 해 아랍인들에게 '악한'의 역할을 맡겼다. (켈너, 앞의 책, 160~61쪽)

아놀드 슈왈제네거가 주연한 〈트루 라이즈〉라는 영화에서 가장 잘 알

'주권회복의 날' 시청 앞 광장에 운집한 수만의 시민들이 대형 성조기를 찢으며 "여중생사건 책임자 처벌과 미국의 사과"를 요구하고 있다(2002. 12. 14)

려진 장면은 그가 영화 속에서 부인과 코믹하게 탱고를 추는 장면일 것이다. 그러나 이 영화에서 더욱 주목할 것은 아랍의 투사들에 대한 아메리카합중국의 적개심이 어떻게 표현되고 있는가이다. 이 영화에서 아랍인 테러분자는 총이 아니라 미사일에 실려 날아가 산산이 조각나 죽는다. 이런 식으로 조장된 아랍인에 대한 혐오감이 9·11공격사건의 배후에 놓여 있건만, 아메리카합중국은 여전히 이런 식의 혐오감을 조장하는 미디어전쟁을 펼치고 있다.

이런 상황에서 2001년 크리스마스 무렵에 재미있는 일이 일어났다. 할리우드의 작가·제작자·매니저 등이 아프간전쟁을 지원하기 위해 만든 '할리우드9·11'이라는 애국적 전쟁지원단체에서 "미국의 아프가니스탄 공격이 이슬람교도들을 적대시하는 것이 아니라는 메시지를 전달하기 위해 무하마드 알리를 메시지 전달자로 선정"한 것이다(『한겨레』 2001. 12. 25). 잘 알다시피 알리는 오래 전에 이슬람교로 개종했으며, 아메리카합중국의 흑인들 사이에서 상당히 큰 영향력을 행사하는 인사이다. 비슷한 시기에 알리의 손바닥 조형물이 할리우드에 설치되었는데, 사람들이 밟고 다니는 걸 알리가 싫어해서 벽에 붙였다고 한다. 그러나 알리를 이렇게 스타로 대접해 주고 메시지 전달자로 이용하는 것보다 더 좋은 중동평화책은 아마도 아메리카합중국이 이스라엘에 대한 후원자의 구실을 그만두는 것일 터이다. 우리가 매일 유태인학살을 다루는 영화를 보는 대신에 팔레스타인인의 비참한 삶을 다루는 영화를 보게 된다면, 아마도 이스라엘과 그 후원자인 아메리카합중국에 대한 우리의 상식은 크게 달라질 것이다. 우리는 이스라엘과 아메리카합중국이 압도하는 미디어전쟁의 일상을 살아가고 있다.

영화 〈트루 라이즈〉는 아랍인이 '새빨간 거짓말'을 일삼는 '악의 무리'라는 인상을 심어주지만, 정작 새빨간 거짓말은 이 영화가 대중들에게 심어주고자 하는 아랍인에 관한 인상이다. 미디어전쟁의 두 핵심영역인 '사실'의 보도와 '허구'의 생산 모두에서 아메리카합중국은 거의 완전한 승리를 구가하고 있다. 새빨간 거짓말이 이 세상을 휩쓸고 다닌다는 뜻이다.

사이버전쟁

90년대 들어오면서 세계는 갑작스럽게 두 가지 큰 변화의 소용돌이에 말려들게 되었다. 하나는 사회주의 세계체계의 몰락이고, 다른 하나는 정보기술의 발달에 따른 정보화의 급진전이었다. 뒤의 변화에 불을 붙인 것은 클린턴행정부가 1993년에 발표한 정보고속도로 구상이었다. 사이버공간이라는 낯선 용어는 이러한 기술적이고 경제적인 변화를 문화적으로 널리 퍼뜨리는 구실을 충실히 수행했다.

사이버공간의 기술적 실체는 바로 인터넷이다. 본래 인터넷은 소련의 핵공격을 받고도 살아남을 수 있는 정보통신망을 구축하기 위해 아메리카합중국 군대가 추진한 계획의 산물이다. 이 새로운 정보통신망의 특징은 분산성으로서 전체를 마비시키기 위해 파괴해야 할 중심이 존재하지 않는다는 것이다. 이러한 특징의 다른 면이 흔히 말하는 양방향성으로서, 이것은 정보의 수신자가 곧 정보의 발신자일 수도 있다는 것을 가리킨다. 이러한 특징에 의해 인터넷은 이 세계의 모든 사람들이 서로 쉽게 소통할 수 있는 지구적 정보통신망이 되었다.

아메리카합중국 정부는 바로 이러한 인터넷에서 새로운 안보상의 위협을 찾아냈다. 그 위협은 인터넷을 통해 자국의 정보통신체계가 교란되거나 정보가 유출될 가능성으로 요약될 수 있다. 바야흐로 인터넷이 대중화되기 직전이었던 1993년에 이 나라의 두뇌집단으로 잘 알려진 랜드연구소에서는 「사이버전쟁이 오고 있다!」라는 논문을 발표했는데, 여기서는 정보기술의 발달에 따라 나타난 이 새로운 정보전쟁을 '네트전쟁'과 '사이버전쟁'으로 나누었다. 앞엣것은 "국가나 사회 사이에서 발생하는 전략수준의 정보관련 분쟁으로서, 목표집단의 정보를 교란하거나 수정하는 것"이고, 뒤엣것은 "정보관련 원리들에 따라 군사작전을 수행하거나 준비하는 것으로서, 광범위한 정보통신체계를 파괴하지는 않을지라도 교란하는 것"이다(김진균, 「극사실성, 가상현실 그리고 사이버전쟁」, 『경제와사회』 1996년 겨울호, 17~18쪽).

이처럼 사이버전쟁에 대한 우려를 바탕으로 아메리카합중국 정부는 이에 대한 대책을 활발하게 세워가기 시작했다. 그 핵심은 인터넷을 통해 외부로부터 침투해 들어오는 것을 막는 것인데, 이를 위해서는 인터넷의 이용자들을 대상으로 한 광범위한 감시기술을 개발하고 이용해야 한다. 인터넷을 통해 다른 나라의 정보통신체계에 침투해 들어가고 정보를 교란하는 것은 물론 국제법을 어기는 행위이다. 그러나 "마치 이러한 각종 규범들로부터 면제되는 것처럼 행동해 왔으며 냉전체제의 종식과 함께 이러한 경향은 더욱 강화되고 있다"(촘스키, 『불량국가』, 두레 2001, 7쪽)는 지적에서 알 수 있듯이, 아메리카합중국에게 국제법을 어기는 일은 다반사이고 일상사일 뿐이다. 문제는 사이버전쟁을 위해 인터넷의 이용을 감시하고 자국국민의 인권을 침해하는 데서 빚어졌다. 이번에는 FBI의 활약이 두드러졌다.

1997년 7월 9일 FBI는 테러 및 범죄 단체, 마약거래, 포르노업체들의 컴퓨터통신 이용을 막기 위해 인터넷 등 컴퓨터통신 암호화 데이터를 해독할 수 있도록 도청과 암호코드 해독열쇠 사용권한을 부여해 줄 것을 의회에 요청하여 큰 논란을 빚었다. FBI는 암호화장치 개발자가 암호화될 메시지를 해독할 수 있는 열쇠를 제3자에게 맡기는 '열쇠회수제

도'를 마련해 관계당국이 사용할 수 있도록 해야 한다고 주장했는데, 이른바 '클리퍼 칩'(Clipper Chip) 논쟁을 통해 널리 알려진 이 제도는 암호기술을 사실상 무력화하고 개인의 프라이버시를 크게 위축시킬 가능성 때문에 비판되었다.

암호기술에 대한 통제가 시민의 '방패'를 없애려는 것이라면, 새로운 감시기술의 개발은 시민의 삶 속으로 뚫고 들어갈 수 있는 '창'을 만들려는 것이다. 1999년에 아메리카합중국 정부는 자국의 핵심 컴퓨터에 대한 외부로부터의 사이버공격을 막기 위해 광범위한 컴퓨터 감시체계를 개발하고 있다는 사실을 발표했다. FBI의 관할 아래 정부기관의 컴퓨터 활동을 감시하고 금융·통신·수송 등 주요 민간산업에 사용되는 컴퓨터 네트워크를 추적할 수 있는 컴퓨터 감시체계로, 이에 대해 시민운동단체들은 광범위한 컴퓨터 감시체계는 개인의 프라이버시를 침범하고 수집된 정보를 남용할 여지가 있다고 비판했다.

그러나 2000년에 들어와 FBI가 '카니보어'(Carnivore)라는 이름의 새로운 감시체계를 개발했다는 사실이 밝혀졌다. 이것은 쉽게 말해서 '인터넷을 대상으로 하는 에셜론'이라고 할 수 있는데, 인터넷 이메일을 감시하기 위해 개발된 프로그램인 것이다. 카니보어는 육식동물이라는 뜻으로, 이런 이름을 붙인 까닭은 마치 육식동물이 먹이를 고르듯 이 프로그램이 필요한 정보만 골라서 정리하기 때문이다. 카니보어를 어떤 서버에 설치해 두면, 감청대상으로 분류된 정보를 고스란히 복사할 수 있고, 그중에서 범죄혐의가 있는 정보를 골라서 저장하게 되는 것이다.

이에 대해 미국의 시민운동단체들은 강력하게 저항하고 있다. FBI는 제한적으로 사용한다고 주장하지만, 카니보어는 결국 그것이 설치된 서버를 이용하는 사람들의 모든 통신을 감시할 수 있기 때문이다. 이를테면 카니보어는 먹어야 할 것만 골라 먹는 것이 아니라, 모든 것을 닥치는 대로 씹어대고는 입맛에 맞는 것을 골라 삼키는 것이다. 카니보어로 말미암은 프라이버시의 침해와 감시권력의 강화는 불을 보듯 훤하다. 그럼에도 불구하고 FBI는 더욱 강력한 '인터넷 사찰체제'를 구축하려는 것으로 전해졌다.

9·11공격사건은 그 결정적인 기회였다. 가장 호전적인 자들이 정권을 잡고 있는 상황에서 맹목적 애국주의에 불을 붙일 수 있는 사건이 벌어진 것이다. 이 사건이 일어난 직후에 아메리카합중국 의회는 '반테러법'을 제정했고, 이제 수사기관은 테러에 대한 대비를 이유로 모든 통신을 무제한 도·감청할 수 있으며 이에 필요한 영장은 비밀리에 발부받을 수 있다. 2005년 말까지로 제한되어 있기는 하지만, 그렇다고 '반인권법'이라는 사실이 사라지는 것은 아니다. 이와 더불어 2001년 초에 'DCS1000'으로 이름을 바꾼 카니보어가 적극적으로 활용되고 있으며, FBI가 새로운 감시기술로 채용할 것으로 알려진 '매직 랜턴'에 대한 우려도 커지고 있다. 매직 랜턴은 인터넷을 이용해서 이용자 몰래 그가 사용하는 컴퓨터에 심어놓는 스파이웨어로서 멀리 떨어진 곳에서 컴퓨터의 자판입력을 알아낼 수 있는 프로그램이다.

감시기술만이 사이버전쟁의 무기는 아니다. 아메리카합중국은 전세계 정보산업에서 막강한 독점력을 행사하고 있다. 바로 이 독점력이 사이버전쟁의 무기가 될 수도 있다. 이와 관련된 가장 좋은 예로 마이크로소프트의 윈도즈를 들 수 있다. 잘 알다시피 전세계 개인용 컴퓨터의 95%가 윈도즈를 운영체계로 사용하고 있다. 그런데 이 윈도즈가 NSA에 '뒷문'을 열어주고 있다는 의혹이 제기되었다.

1999년 9월 3일, 캐나다 온타리오에 있는 컴퓨터 암호해독회사의 한 전문가가 마이크로소프트의 윈도NT에서 'NSA키'라고 적힌 두번째 비밀키를 찾아냈는데, 그는 이 수상한 키가 NSA에 컴퓨터 접근권한을 주는 비밀키라고 주장했다. 이에 대해 마이크로소프트는 소프트웨어의 수출과 관련한 NSA의 기술적 규제를 준수하고 있음을 보여주는 키라고 반박했고, NSA의 대변인은 답변 자체를 거부했다(『한겨레』 1999. 9. 6).

그러나 인터넷은 대중매체를 이용한 지배구조에 큰 구멍을 냈다. 이제 더 이상 대중은 대중매체에서 쏟아보내는 대량정보의 일방적인 소비자가 아니다. 인터넷을 통해 대중은 세계를 대상으로 말할 수 있는 힘을 갖게 되었다. 서로 의견을 교환하면서 대중은 서로를 이 세계의 주체로 다시 세우고 있다. 여기 그 좋은 예가 있다.

9·11공격사건이 일어나고 CNN에서는 팔레스타인 사람들이 거리로 나와 하늘에 공포를 쏘며 이 사건을 축하하는 것으로 보이는 장면을 방영했다. 그러나 그 장면은 1991년에 찍은 것이었다. CNN은 10년 전의 필름을 계속해서 틀어주면서, 마치 지금 팔레스타인 사람들이 환희의 도가니에 빠진 것처럼 보이도록 했던 것이다. CNN의 이런 막강한 힘 때문에 10년 전에 보드리야르는 "걸프전은 일어나지 않았다"고 주장하기도 했다. 그러나 이번에는 인터넷이 있었다. CNN의 조작은 즉각 세계 각지의 수많은 사람들에게 알려졌다. 아메리카합중국이 사이버전쟁을 중요하게 여기는 이유는 여기에도 있다. 인터넷은 정보전쟁의 구성과 추진에 상당한 변화를 가져온 것이다.

평화를 찾아서

아메리카합중국은 이 세상에서 가장 강력한 '전쟁국가'이다. 몇몇 아류국이 있기는 하지만, 그 세기나 크기가 모두 이 나라에 비길 수 없을 정도이다. 이른바 '총력전'이라는 관점에서 보자면, 이 나라의 힘은 더욱 두

촛불시위에 참여한 방글라데시 출신 이주노동자가 여중생 영정이 그려진 촛불을 들고 평화를 염원하고 있다(광화문, 2003. 3. 1)

드러진다. 아버지 부시 이래로, 다시 말해서 사회주의 세계체제의 몰락 이래로, 이 나라는 소련을 대신할 새로운 '적들'의 등장에 대해 목소리를 높여왔다. 이에 맞서서 아버지 부시가 추구한 '새로운 세계질서'는 어떤 나라도 감히 맞서지 못하도록 완전한 패권을 지구 전체에서 확립하는 것이었다. 군사적으로 이러한 목표는 이른바 '지역적 공격들에 맞선 지구적 보호'(GPALS)와 '전역미사일방어망'(TMD)으로 나타났다.

아들 부시는 아버지의 뒤를 이어 새로운 미사일방어망의 구축을 적극적으로 추진하고 나섰다. 이를 위해 아들 부시는 1972년에 체결된 탄도미사일방어망제한협정(ABM)의 파기를 일방적으로 선언하고, 지하핵폭발실험을 다시 하겠다는 계획을 발표했다. 일본이 새로운 미사일방어망 계획에 참여하고 있는 것은 이미 오래된 일이지만, 한국도 이 계획에 참여하고 있다는 사실이 새롭게 밝혀지기도 했다. 2000년 초에 한미 양군이 공동기구를 창설했다는 것이다. 이 기구에는 '연합·합동전역미사일 작전기구'(CJTMOC)라는 이름이 붙여졌으며, 한미연합사, 미공군 관계자, 텍사스에 위치한 제32육·공군 방공 및 미사일방어사령부(32d AAMDC) 요원들이 참여하고 있다고 한다(『한겨레』 2001. 12. 24).

9·11공격사건이 부시행정부의 등장 이후에 강력히 추구되고 있던 새로운 군비강화의 흐름을 더욱 강화하는 계기가 되었다는 것은 분명하다. 부시는 기독교 보수주의의 선악 이분법을 이용해서 타오르는 맹목적 애국주의에 기름을 붓는 방식으로 군비강화를 위한 고속도로를 닦고 있다. 지금 아메리카합중국에서는 '정보고속도로'를 대신해서 '군사고속도로'가 한창 닦이고 있는 중이다. 그리고 이 고속도로로 수많은 자원과 목숨이 실려갈 것이다. "얼마나 긴 세월이 흘러야 더 이상 폭탄이 날아다니지 않게 될까?" 이미 오래 전에 밥 딜런이 〈바람만이 아는 대답〉에서 아프게 물었던 이 질문은 아직도 유효하다.

코소보 비극과 '스마트전쟁'의 신화

1999년 봄, 발칸의 참상이 연일 언론을 통해 보도되었다. 해묵은 민족적·종교적 갈등을 이용한 야만적인 학살극이 본격적인 전쟁으로 비화했던 것이다. 알바니아계 피난민이 줄을 잇고 텅 비어 있던 마케도니아의 벌판은 난민캠프로 가득 찼다.

그리고 다른 민족을 무참히 학살하는 것으로 자신의 정치적 입지를 다지던 밀로셰비치의 악랄한 정략은 급기야 동족마저 전쟁의 제물로 바치고 말았다. 그를 없애기는 해야겠지만, 코소보의 알바니아계 주민들에게도, 유고연방의 민주시민들에게도 그럴 만한 힘이 없다. 이같은 모순적 상황을 틈타 세기말의 유일 초강대국 미국이 인도주의를 명분으로 전쟁을 벌이고야 말았다.

이 참혹한 전쟁의 이면에서 결코 잠들지 않는 군신의 모습이 다시금 떠올랐다. 언제나 군신은 인간의 죽음을 요구한다. 그러나 현대의 군신은 과거와 사뭇 다르다고 한다. 최신의 무기체계로 무장하고 있어서 예전처럼 무차별적으로 사람들을 살상하지는 않는다는 것이다. 현대의 군신은 과학기술의 놀라운 성과에 힘입어 전쟁을 멍청하게 하지 않고 똑똑하게 한다는 것이다. 이른바 '스마트전쟁'이다. 이 새로운 전쟁론은 미국이 내건 인도주의의 명분을 과학기술적으로 합리화하는 기능을 한다.

스마트전쟁이란 걸프전의 경과를 검토하고 내린 토플러의 결론이다. 그에 따르면 걸프전을 통해 현대전은 명확히 스마트전쟁으로 변모했으며, 그 핵심은 '대량살상에서 주문살상으로' 변했다는 데 있다. 이것은 이를테면 포스트포드주의적 전쟁론이다. 포드주의에서 포스트포드주의로 이행하면서 생산방식이 대량생산에서 주문생산으로 변한 것처럼, 살상

아프가니스탄에서 미국은 북부동맹군의 무분별한 보복살육을 알고도 묵인했다. 버스를 타고 피난행렬에 오른 아프가니스탄 민간인들(사진|성남훈)

방식도 대량살상에서 주문살상으로 바뀌었다는 것이다. 전쟁형태의 면으로만 보자면, 이같은 설명은 나름대로 그럴듯한 설득력을 가진다.

이러한 스마트전쟁은 정밀전쟁이라고도 불린다. 요컨대 목표만 정확하게 타격한다는 것이다. 이렇게 되면 어떤 결과가 나타나는가? 첫째, 당연히 물자를 줄일 수 있다. 더 이상 무지막지한 물량공세를 퍼부을 필요가 없어진다. 스마트무기를 수요에 맞추어 정확히 공급하기만 하면 된다. 둘째, 전쟁은 첨단 병정놀이로 변모한다. 더 이상 민간인이 대량살상되지 않는다. 오직 총을 들고 맞서 싸우는 적군만이 스마트무기의 밥이 되어 죽거나 불구의 신세가 될 뿐이다. 그러나 과연 그런가?

전쟁이 시작되고 얼마 지나지 않아 나토군은 뜻밖의 소식에 경악하고 말았다. F-117A 스텔스 전폭기가 격추당했다는 것이다. 1기당 수백억 원에 달하는 이 전폭기는 현재 최첨단무기로 분류된다. 그야말로 스마트전쟁을 대표하는 스마트무기이다. 이런 전폭기가 상당히 낙후된 것으로 알려진 유고연방군의 방공망에 걸려 여지없이 격추되고 말았던 것이다. 더 중요한 것은 이 격추와 함께 첨단기술의 신화도 상당히 훼손되고 말았다는 점이다. 기술의 발달이 인류의 모든 문제를 결국은 해결해 주리라던 강고한 기술낙관론이 문득 별것 아닌 돌부리에 차여 넘어졌던 것이다.

1999년 3월 27일에 F-117A 스텔스 전폭기가 격추되고 나서, 1999년 4월 12일에는 더 심각한 문제가 발생했다. 이번에는 나토군이 국제열차를 오폭한 것이다. 이 폭격으로 10명이 죽고 수십 명이 부상당했다. 이틀 뒤인 4월 14일에는 난민행렬이 미사일공격을 당했다. 이 어이없는 오폭으로 수십 명의 난민이 죽거나 다쳤다. 이 '사고'는 한국전쟁을 떠올리게 한다. 당시의 첨단 비행기였던 쌕쌕이는 애꿎은 피난행렬에 기관총을 쏘아대고 폭탄을 떨어뜨리곤 했다. 똑같은 일이 오늘날 스마트전쟁에서 반복되고 있는 것이다. 이런 예는 스마트전쟁이 별로 스마트하지 않다는 것을 보여준다.

스마트전쟁은 사실 더욱 효율적인 살상을 의미할 뿐이다. 그것은 정의의 구현이나 인도주의의 실현과는 아무런 관계도 없다. 파스칼은 "한 인간을 죽이기 위해 전우주가 무장할 필요는 없다. 그를 죽이기 위해서는 한 방울의 물로도 충분하다. 그는 갈대처럼 연약하다. 그러나 그는 생각하는 갈대이다. 그렇기 때문에 그는 전우주보다도 고귀하다"고 했다. 스마트전쟁은 이러한 파스칼의 신념이 완전히 무너져버린 세상의 전쟁이다. 그것은 인간의 살상에도 과학적 정밀성과 경제적 효율성을 들이댄다. 주문살상이란 전쟁이 거대한 청부살인업으로 변모했음을 보여줄 뿐이다.

결국 스마트전쟁은 단지 전쟁형태의 변화를 의미할 뿐이다. 당연히 전쟁형태가 변한다고 해서 전쟁의 본질 자체가 변하는 것은 아니다. 전쟁은 예전처럼 지금도 참혹하다. 그럼에도 불구하고 스마트전쟁이 강조되고 선전되는 데는 그럴 만한 이유가 있다. 이것은 '베트남전의 악몽'에서 비롯된다. 〈디어 헌터〉와 〈지옥의 묵시록〉이 그 악몽에 빠진 미국의 실상을 적나라하게 보여주었다면, 레이건의 〈람보〉는 이 악몽에서 벗어나기 위한 몸부림이었고, 부시의 스마트전쟁은 이 악몽을 말끔히 씻어내버린 과학주의의 묘약이었다. 스마트전쟁은 미군에게 전쟁이 더 이상 참상이 아님을 약속했던 것이다. 그것은 무고한 민간인을 살상하지도 않고, 더욱이 아군의 끔찍한 살상은 단지 불운의 수준에 그칠 것임을 약속했다.

그러므로 스마트전쟁에서 전쟁형태의 변화보다 더 중요한 것은 그 용어 자체의 이데올로기적 효과이다. 이 용어가 구축한 신화 속에서, 언제나 군신의 발목을 부여잡던 참혹한 살상의 문제는 다소 복잡한 '슈팅게

임'으로, 좀처럼 보기 드문 화려한 '스펙터클'로 변한다. 더 이상 살상은 죄가 아니다. 그것은 다만 기술의 문제일 뿐이다. 정확하게 죽이느냐, 그렇지 않느냐 하는. 따라서 그것은 다만 경제의 문제일 뿐이다. 효율적이냐, 그렇지 않느냐 하는.

1999년의 유고전쟁은 미군이 치른 현대전의 제3막에 해당한다. 제1막은 참담한 실패로 끝난 베트남전으로 정글전이었다. 제2막은 상당한 성공을 거둔 걸프전으로 사막전이었다. 유고전쟁은 산악전에 해당한다. 여기서 다시 우리의 상황을 떠올리게 된다. 미군이 최상의 산악전 훈련 장소로 이용하고 있는 곳이 어디인가? 바로 태백산이다. 멀리 미국에서 날아온 전투기들이 태백산 정상을 매일같이 희롱한다. 미군의 스마트전쟁을 위해 단군할아버지는 하루도 편할 날이 없으시다. 코소보의 비극과 우리의 슬픔은 이렇게 잇닿아 있기도 하다.

최초의 스마트전쟁이었던 걸프전에서 20만 명이 넘는 이라크 병사와 민간인들이 죽었다. 그 많은 사람들이 모두 꼭 죽어야 하는 사람들이었는가? 스마트전쟁은 없었다. 앞으로도 없을 것이다.

미국이 이라크를 상대로 스마트전쟁만 벌인 것은 아니다. 걸프전 때부터 시작해서 10년이 넘는 세월 동안 이어지고 있는 경제봉쇄로 더 많은 민간인들, 특히 어린이들이 기아와 질병에 시달리며 죽었으며, 지금도 죽어가고 있다.

아들 부시의 이라크 침공계획과 관련해서 이른바 '스마트제재'의 구체적인 실행방안이라는 것이 발표되었다. 2003년 2월 17일, 스웨덴정부의 위촉을 받아 연구를 해온 웁살라대학은 그 결과를 발표했다. 이것은 유엔안전보장이사회가 취하고 있는 스마트제재의 구체적 방안을 연구한 것이라고 한다. 그 목적은 이라크국민의 피해를 최소화하면서 후세인정권의 전쟁 수행능력을 막는 것이다.

그러나 스마트전쟁만큼이나 스마트제재라는 것도 그 이름부터 이데올로기적이다. 무엇보다 큰 문제는 '최소화'의 기준이다. 정말로 '이라크 국민의 피해를 최소화'하고자 한다면 전쟁을 일으키지 말아야 한다. 스마트제재는 무리한 전쟁을 합리화하는 교묘한 명분이다. 아들 부시는 이라크에 이틀 만에 3천 발의 미사일을 퍼부어 기선을 제압하겠다는 전술을 세웠다. 쉽게 말해서 빠른 시간에 이라크를 초토화해서 침공을 마무리하겠다는 것이다. 이런 초토화 전술을 스마트제재라 부르는 것은 그야말로 '눈 가리고 아웅' 하는 짓일 뿐이다.

미국 테러사건과 인터넷

그 사건을 나는 집에서 걸려온 전화를 받고 알게 되었다. 뉴욕의 쌍둥이빌딩이 비행기테러로 무너졌고, 워싱턴의 펜타곤도 같은 방식으로 일부 무너지는 등, 아메리카합중국에서 난리가 났다는 얘기였다. 황당했다. 얼마 뒤 나도 텔레비전을 통해 그 장면을 보았다. 더욱더 황당했다.

오래 전에 한 소설가는 "염소는 힘이 세다"라는 제목의 소설을 썼다. 그 제목을 빌려 말하자면, 참으로 "텔레비전은 힘이 세다". 현장의 모습을 생생하게 전함으로써 텔레비전은 사실을 빚어낸다. "텔레비전에서 봤어"라는 말은 그 자체로 훌륭한 증거력을 가진다. 많은 사람들이 테러에 대해 혐오와 공포를 가지게 되었을 듯하다.

이번의 테러사건은 지구적인 차원에서 여러가지 '후폭풍'을 일으키고 있다. 그중에서 가장 큰 것은 역시 테러범과 지원국에 대한 '새로운 전쟁'의 선포일 것이다. 마치 세계가 반테러와 친테러의 세력으로 양분되는 듯한 느낌마저 들기도 한다. 저 냉전시대처럼 세계가 다시 천사와 악마의 편으로 나뉘는 것이다.

이번의 테러사건은 인터넷에도 적지 않은 영향을 미칠 것으로 보인다. 라덴측이 인터넷을 통해 정보를 주고받았다는 발표도 있었거니와, 미국은 인터넷에 대한 감시를 더욱 강화할 방침이라고 한다. 이런 감시의 눈길을 피하기 위한 한 방법은 이메일을 암호화하는 것이다. 그러나 지금처럼 대다수의 사람들이 이메일을 암호화하지 않는 상황에서 이메일을 암호화하는 사람은 누구보다 먼저 수상한 자로 낙인찍혀서 감시의 대상이 되고 말 것이다. 요컨대 이제 인터넷을 이용하는 사람이라면 누구나 미국의 전자감시체계를 의식해야 하는 상황이 더욱더 강화되고 있는 것이다.

잘 알다시피 90년대 중반을 지나면서 인터넷은 줄곧 사회적 논쟁의 대상이었다. 그 논쟁은 음란물로부터 미성년자를 보호해야 한다는 주장으로 시작되어, 최근에는 이른바 '반사회적' 표현물로부터 사회 자체를 보호해야 한다는 주장으로 옮아갔다. 자살사이트나 자퇴사이트를 둘러싼 논쟁이 그 좋은 예이다. 그리고 이제 마침내 인터넷은 테러의 도구라는 오명마저 뒤집어쓰게 되었다. 그러나 사실 인터넷은 잘못이 없다. 오히려 인터넷은 우리의 사고력과 판단력을 신장시켜 주고, 권력의 수평화를 촉진하여 사회를 더 합리적인 기초 위에 세워놓는다. 이번의 테러사건에서도 진정한 대중의 매체로서 인터넷의 이러한 특성은 여실히 드러났다.

저 걸프전에서처럼 이번에도 CNN은 생생한 현장중계로 수많은 사람들의 이목을 집중시켰다. 그중에는 환호하며 총을 쏴대는 아랍인들의 모습도 있었지만, 이는 10년 전의 것이었다. CNN은 자신의 독점력을 이용해서 여론을 조작하려고 했던 것이다. 나는 이 사실을 메일링 리스트를 통해 전달된 이메일을 통해 알게 되었다. 뿐만 아니라 노엄 촘스키나 하워드 진과 같은 미국의 양심적 지성의 견해도 같은 방식으로 접할 수 있었다. 여기서 한걸음 더 나아가 지금 인터넷은 복수가 아니라 평화를 빚어내기 위한 도구로서 이용되고 있기도 하다. '새로운 전쟁'에 반대하는 세계의 수많은 사람들이 인터넷을 통해 지금 하나로 모이고 있는 것이다.

인터넷을 규제하려는 섣부른 시도는 시민의 기본권을 침해하고 인터넷의 긍정적 특성을 위축시킬 것이다. 사실 문제는 '자살 권하는 사회' '자퇴 권하는 사회' 그리고 '테러 권하는 사회'에 있다. 인터넷은 이런 사회를 고치기 위한 노력에 이미 크게 이바지하고 있다. 이 점에 우리는 충분한

주의를 기울여야 할 것이다.

　이라크침공을 위한 부시의 '막가파식' 밀어붙이기에 맞서서 세계 전역에서 '반전운동'이 펼쳐지고 있다. 이 지구적 현상에 대해『뉴욕타임스』는 인터넷이 큰 영향을 미치고 있다고 보도하면서, 토드 지트린 컬럼비아대 교수의 말을 인용하여 "1965년에 2만 5천 명이었던 반베트남전 시위대가 69년 50만여 명으로 20배 늘어나는 데 4년 5개월이 걸렸으나 지금은 6개월 만에 비슷한 일이 벌어지고 있다"고 했다(『한겨레』 2003. 2. 25).

　다른 예도 있다. 2003년 3월 첫째주에 여러 인터넷 메일링 리스트들을 통해 부시의 무모한 도발계획에 반대하는 여론을 모으기 위해 '지구적 사발통문'이 돌았다. 부시의 이라크 침공계획에 반대한다는 뜻을 밝히는 서명운동이었다. 채 이틀이 안 되는 시간 동안에 세계 200개국에서 55만 명의 사람들이 서명했다. 수많은 사람들이 부시의 이라크 침공계획에 반대하고 있다는 것을 2003년 2월 15일의 지구적 반전시위에 이어 다시 한번 분명히 보여주었던 것이다.

　이런 예들은 부시와 같은 막가파들에게 인터넷이 얼마나 눈엣가시인지를 쉽게 짐작하게 해준다. 미국정부가 인터넷의 통제에 큰 힘을 쏟고 있는 것은 이 때문이기도 하다. 이런 배경에서 마이크로소프트의 운영체계에 미 국가안보국을 위한 '개구멍'이 마련되어 있다는 주장이 나오게 되었다. 마이크로소프트의 운영체계는 어떻게 만들어져 있는지가 공개되지 않는 '닫힌 소프트웨어'이기 때문에 이런 주장은 적지 않은 설득력을 가진다.

　미국이 세계의 미디어시장을 장악하고 있다는 사실은 잘 알려져 있

AMERICAN CITIZENS SERVICES

다. 부시정권은 이라크침공의 합리화를 위해 벌써부터 언론전쟁을 시작했다고 한다. 자국의 언론은 물론이고 외국의 언론에 대해서도 적극적으로 대처하고 있다는 것이다.

그러나 미국의 언론은 이미 '테러위협 부풀리기'와 '전쟁 부추기기'로 커다란 비판을 받고 있다. 이런 마당에 부시정권이 과연 외국의 언론을 구슬려서 자기편으로 만들 수 있을까? 이 점에서 부시정권은 단순히 '막가파'가 아니라 분명히 '시대착오파'이기도 하다. 아버지 부시는 CNN을 이용해 세계의 이목을 속일 수 있었을지 모른다. 그러나 아들 부시에게는 그런 행운이 따르지 않을 것이다. 지금 우리는 CNN으로 사람들의 이목을 속일 수 없는 시대에 살고 있기 때문이다.

인터넷을 없애지 않는 한, 어느 누구도 인터넷을 통해 흐르는 진실을 막을 수 없다. 부시는 인터넷과 싸우는 것이 아니라 바로 이 진실과 싸우려 한다. 그러나 부시는 결코 진실과의 싸움에서 이길 수 없을 것이다. 부시가 결코 없앨 수 없는 인터넷이 진실을 지켜줄 것이기 때문이다.

부시의 카우보이외교

흔히 북한의 외교방식을 일컬어 '벼랑끝 외교'라고 부른다. 이 말에는 물론 힐난의 뜻이 담겨 있다. 쉽게 말해서 힘도 없는 놈이 독만 잔뜩 올라서 죽기살기로 덤빈다는 것이다. 그러나 다시 한번 생각해 보자. 북한이 왜 이렇게 죽기살기로 덤비게 되었을까? 이렇게 죽기살기로 덤비지 않으면 안 되도록 하는 세력이 있는 것은 아닐까?

대를 이어 이라크와 전쟁을 벌이는, 아니 이라크를 무참하게 때려부수려 하는 것을 보면서, 저 부시의 막가파식 외교방식은 뭐라고 부르는 게 적당할까 하는 생각을 하게 되었다. 9·11공격사건은 중요한 계기였을 뿐, 부시는 본래부터 막가파에 가깝지 않았는가? 그렇다고 외교도 막가파식으로 하나? 그러다가 힘센 걸 최고로 아는 텍사스 카우보이들의 '소몰이외교'라는 표현이 적당하겠다는 생각이 들었다.

지금 부시는 텍사스의 목장에서 소떼를 상대로 벌여야 마땅할 행각을 벌이고 있는 것이다. 카우보이의 목표는 소떼를 자기 뜻대로 몰고 가는 것이다. 이렇게 하기 위해서 카우보이는 소떼를 어르고 달랜다. 소떼도 분명히 자기 의지를 가지고 있기는 하지만, 카우보이는 그런 것에 전혀 개의치 않는다. 자기 의지가 너무 강한 소는 카우보이의 총을 맞고 고깃덩어리로 변하게 된다.

텍사스의 목장에서 소떼나 몰아야 적당할 사람이 미국의 대통령이 되었다. 그렇다면 도대체 어떤 일이 벌어지게 될까? 우리는 물론 궁금해하지 않는다. 부시가 생생하게 보여주고 있으니까. 성질 못된 카우보이가 말을 잘 듣지 않는 소떼를 거칠게 몰고 가듯이, 부시는 자기의 뜻을 잘 따르지 않는 나라들을 대상으로 협박과 공갈을 일삼고 있다. '악의 축'어쩌고 하는 광신적 수사를 아무렇지도 않게 입에 올리면서 말이다.

부시정권이 주요한 목표로 삼고 있는 나라는 이라크와 북한이다. 이두 나라가 주요한 목표가 된 까닭은 이 두 나라가 특히 미국의 지엄한 뜻을 따르지 않기 때문이다. 부시는 이라크는 박살내기로 결정했고, 북한은 좀더 두고 보기로 결정했다. 어느 경우나 미국의 이익을 위한 결정이다. 직접 병력을 동원해서 이라크를 공격해도 미국은 엄청난 돈을 벌게 되고, 북한을 당장 공격하지 않고 준전시상태를 유지하더라도 미국은 엄청난 돈을 벌게 된다. 미국은 세계 최대의 무기 생산국이자 수출국이기 때문이다.

부시의 '카우보이외교'는 미국지배층의 정신적 수준을 고스란히 보여준다. 잘 알다시피 그것은 '미국이 곧 선'이라는, 따라서 미국의 뜻을 따르지 않는 자들은 모두 악이라는 이분법에 바탕을 두고 있다. 이건 정신병의 징후이다. 미국지배층은 어쩌다 이 지경에 이르게 되었는가? 여기에는 고치기 어려운 미국의 구조적 질환이 큰 영향을 미치고 있다. 세계제일의 비만국가이자 세계 유일의 전쟁국가라는 사실이 그것이다. 부시의 카우보이외교는 미국의 이런 구조적 본성이 좀더 강렬하게 드러난 것일 뿐이다. 사실은 레이건의 '람보외교'의 재판이지만.

부시는 자기가 시저라고 생각하고 있는지도 모르겠다. 그러나 부시는 사실 카우보이, 그것도 성질이 못된 카우보이이다. 이런 카우보이가 세계 최강대국의 대통령이 된 것은 인류역사의 차원에서 틀림없이 불행이고, 따라서 결국 미국의 역사를 위해서도 불행이 될 것이다. 일각에서는 극단적 반미주의에 대한 우려가 나오고 있다. 그런 것이 정말 있는지 모르겠지만, 더 중요한 것은 그것조차도 합리적 근거를 가지고 있다는 사실이다. 미국의 문제에 눈을 감고 세계의 평화를 말하는 것은 거짓이다.

부시의 정책에 '외교'는 없다고 해야 옳을 것이다. 아버지 부시의 뒤를

YOUNGBLOOD
U.S. ARMY
USA

이어서 대를 이어가며 후세인을 괴롭히고, 이라크를 괴롭히겠다는 그의 굳은 의지에 대해 세계의 수많은 사람들이 반대하고 나섰다. 그러나 이런 반대의 뜻에도 그의 뜻은 굳기만 하다. 정말로 황소처럼 의지가 굳센 사람이라서 저렇게 막무가내인 것일까? 아니면 합리적으로 사고할 대뇌피질을 가지고 있지 못해서 그런 것일까?

미국인의 심성에는 '미국예외주의'라고 부를 수 있는 생각이 뿌리깊게 박혀 있다. 미국은 '신의 뜻'에 따라 만들어진 나라이기 때문에 이 세상의 어떤 나라도 미국의 잘잘못을 심판할 수 없다는 것이다. 이런 생각이 비정상적인 과대망상증의 일종으로 정신과의의 전문적인 치료를 받아야 한다는 것은 다시 말할 필요가 없을 것이다. 그러나 지금은 환자가 치료를 거부하고 있고, 심지어 의사를 자처하고 나선 형국이다.

부시의 카우보이외교는 무엇보다 미국의 막강한 물리력에 바탕을 두고 있다. 이런 힘이 없다면 부시가 제아무리 용감하다고 해도 이렇게 멋대로 다른 나라들을 핍박하고 무시할 수는 없을 것이다. 부시의 카우보이외교는 미국이 '신의 뜻'으로 만들어진 나라라는 굳센 믿음이 아니라 미국의 막강한 물리력으로 이 세상의 어떤 나라도 제압할 수 있다는 헛된 판단의 결과이다.

그러므로 이 세상의 평화를 위해 우리는 이른바 '불량국가'의 대량살상무기만이 아니라 최강대국 미국의 대량살상무기의 폐지를 요구해야 하며, 이 무시무시한 힘을 갖고 있는 나라가 불량국가가 될 가능성에 대해 깊이 염려하고 대처하지 않으면 안 된다. 그런데 부시의 카우보이외교는 이미 이 나라가 사실상 불량국가라는 것을, 명백히 새로운 제국주의

국가가 되었다는 것을 보여준다. 부시의 카우보이외교를 그대로 두고 이 세상의 평화를 말하는 것은 잘못이다.

부시의 카우보이외교는 물리력만 이용하지 않는다. 막강한 물리력은 직접적인 협박이나 제압을 위해 사용하지만, 미국은 다양한 '더러운 술책'들을 일상적으로 펼치고 있기도 하다. 이 더러운 술책의 예로는 아주 많은 것들을 들 수 있다. 온갖 조작과 협박이 모두 포함되기 때문이다. 이런 짓을 효과적으로 벌이기 위해 미국정부는 세계의 모든 정부를 대상으로 광범위한 도청을 일삼고 있다. 그런데 최근에는 이라크침공을 위해 유엔의 대표들을 도청하고 있다는 사실이 밝혀졌다.

2003년 3월 2일, 영국의 『옵서버』는 부시정권이 이라크침공을 벌이는 데 필요한 유엔의 결의안 채택을 위해 안전보장이사회 이사국 대표들을 도청하고 있다고 보도했다. 유엔본부에 주재하는 안보리 이사국 대표들의 집이나 사무실 전화와 이메일을 도청하고 있다는 것이다. 이 작업은 물론 세계 최강의 도청기구인 미 국가안보국(NSA)에서 맡고 있는데, 앙골라·카메룬·칠레·멕시코·기니·파키스탄 등 유보적 입장을 보이고 있는 '중도 6개국' 대표들이 집중적인 감시대상으로 선정되었다고 한다. 또한 NSA는 안보리 비회원국과 국내 전화통화에도 주의를 기울이고 있으며, 외국의 우호적인 정보기관에도 정보제공을 요청하고 있다. 그리고 이 '더러운 술책'을 요청한 사람은 다름아니라 콘돌리자 라이스 백악관 안보보좌관이라고 한다.

카우보이를 날뛰지 못하게 하는 것은 조금도 어려운 일이 아니다. 그러나 카우보이 기질에 사로잡힌 미국의 대통령이 날뛰는 것을 막는 건 아주 어려운 일이다. 미국은 어마어마한 힘을 가지고 있다. 그 힘을 멋대로 사용할 때, 세계는 숨을 죽이고 이 나라를 지켜볼 수밖에 없다. 그런데 불행하게도 우리는 이미 언제나 그런 상황에서 살고 있다. 미국은 참

으로 무서운 나라이다. 이 나라의 힘을 우습게 보는 것은 참으로 잘못이
다. 그러나 그 힘에 질려서 이 나라의 잘못에 눈감는 것은 더욱더 잘못이
다. 우리는 이 나라가 '착한 나라'가 될 수 있도록 힘을 모아서 달래고 혼
내고 가르쳐야 한다.

파괴자

주한미군

파괴자 주한미군

우리에게 주한미군은 무엇인가? 이제 우리는 이른바 '혈맹'이라는 허울좋은 수사에서 벗어나 정말로 올바른 한미관계를 정립하기 위해 최선을 다해야 한다. 이를 위해서는 주한미군이 우리에게 끼치고 있는 해악에 대해 정말로 올바로 이해해야 한다.

주한미군은 전국에서 7300만 평의 땅을 이용하고 있다. 언제 돌려준다는 기약도 없이 한푼의 임대료도 내지 않은 채, 주한미군은 이렇게 막대한 땅을 제멋대로 이용하고 있다. 엄청난 특혜가 아닐 수 없다. 땅임자들은 물론이고 둘레의 주민들도 막대한 피해를 입고 있다. 재산상의 피해는 말할 것도 없고 생명까지도 위협당하고 있는 실정이다.

주한미군은 이 나라의 곳곳을 멋대로 파괴하고 있다. 화성의 매향리 앞바다는 반세기가 넘도록 미군의 폭격장으로 이용되고 있다. 서울의 용산미군기지는 기름으로 심하게 오염되어 있다. 파주의 스토리사격장은 제멋대로 군사훈련을 벌이면서 주민들의 건강과 생명을 일상적으로 위협하고 있다. 미군에게 한국은 너무나 편한 군사훈련장이다.

주한미군은 이 나라의 곳곳에서 한국인들을 살상하고 있다. 가장 흔하게 피해를 입는 사람들은 기지 주변의 주민들과 약하기만 한 기지촌 여성들이다. 동두천에서는 심지어 예순이 넘은 기지촌 여성이 온몸의 뼈가 다 부서지도록 악랄하게 맞아서 죽기도 했다. 그리고 어여쁜 효순이와 미선이가 장갑차에 깔려죽는 사건이 일어났다. 하지만 동두천의 살인미군은 재판조차 받지 않고 미국으로 돌아갔다. 이 사건은 영구미

반세기의 폭격에 시달린 매향리 농섬은 제 살의 절반을 덜어내고 처참한 몰골을 드러낸다

제사건이 되었다. 효순이와 미선이의 살인미군은 재판을 받기는 했으나 무죄로 풀려나서 미국으로 돌아갔다. 재판은 살인미군에게 면죄부를 주기 위한 '쇼'였다.

주한미군은 이 나라의 곳곳에서 각종 공과금이며 벌칙금을 떼어먹는 파렴치범들이기도 하다. 돈 한푼 안 내고 엄청난 땅을 이용하고 있는 것도 모자라서, 수도세며 전기료와 같은 공과금을 일상적으로 떼어먹고 있다. 주차위반딱지 같은 것은 한국에 근무한 기념물로 여긴다.

주한미군은 미국의 무기를 우리에게 강매하는 통로이기도 하다. 우리 나라는 세계에서 미국의 무기를 두번째로 많이 사들이는 나라이다. 차세대전투기사업에서 잘 드러났듯이 주한미군은 엉터리 무기를 비싸게 사들이도록 한국정부를 협박하는 수단이기도 하다. 이것도 모자라 주한미군은 기지 내 시설을 불법적으로 개방해서 한국인을 상대로 영업행위를 벌여서 매년 수천억 원의 부당이득을 거두고 있다.

이 세상에 혈맹이라는 것은 없다. 오직 벌거벗은 '국익'만이 있을 뿐이다. 미국에 반대하지 않는다면, 미국에 저항하지 않는다면, 정말로 올바른 한미관계를 이룰 수 없다. 기존의 불평등관계에서 미국이 거두고 있는 이익이 너무나 크기 때문에, 부시정부가 잘 보여주고 있듯이 미국정부는 '힘이 곧 정의'라고 믿고 있기 때문에, 일방적으로 피해를 보고 있는 우리가 나서서 잘못을 바로잡으려 하지 않는 한, 미국은 언제까지고 지금의 불평등관계를 유지하려고 할 것이다.

우리가 무엇을 원하는지 미국은 잘 알고 있다. 미국은 딴청을 피우고 있을 뿐이다. 만악의 근원인 소파(SOFA)가 개정될 때까지 모두가 힘을 모아 '미국반대'를 외치도록 하자.

주한미군은 '점령군'으로 이 땅에 들어왔다. 그들이 우리를 어떻게 생각했는가를 보여주는 또 다른 예가 있다. 베트남전에서 베트남의 정글을 파괴하기 위해 썼던 고엽제를 비무장지대(DMZ)에서도 썼던 것이다.

한 퇴역미군이 한국에서 근무할 때 사용한 고엽제 때문에 임파선암에 걸렸다며 미정부를 상대로 소송을 걸었다. 미국정부는 소송에서 졌으며 이 군인에 대해 보훈혜택을 주기로 했다. 이로써 베트남 이외의 지역에서는 고엽제를 쓰지 않았다는 미국정부의 주장이 깨지고 말았다. 이어서 미 재향군인부는 한국에서 근무했던 미군들에게 고엽제관련 검사를 받으라고 통보했다. 1968~69년에 휴전선 일대에서 한국군이 직접 고엽제를 뿌렸으며, 약 5만 명이 동원된 것으로 알려졌다. 약 2만 1000갤런(315드럼)의 고엽제가 뿌려졌으며, 한국군에게는 자세한 사실을 알리지 않았다.

이런 사실이 알려지고 나서 미 국방부는 "한국 정부와 군부의 결정에 따른 것"이라고 주장했다. 이에 대해 국방부는 "미2사단에서 최초로 요구, 한국군부대에서도 필요성을 인지하여 이를 요청한 것으로 추정된다"고 주장했다. 다시 1999년 11월 17일, 미 국방부는 미군이 '에이전트 오렌지'라는 고엽제를 이용한 한국군의 DMZ고엽작전을 입안하고, 공급 및 감독을 했다고 시인했다.

미군은 1967년 초부터 한국에서 고엽제사용을 검토하기 시작해서 국무장관이 고엽작전에 따른 정치적 영향이 크지 않다는 판단 아래 국방부에 한국정부의 승인을 받도록 했으며, 1967년 9월 20일 한국정부의 승인을 받았다. 1968년 봄, 미 국무장관과 국방장관이 DMZ고엽작전을 승인했으며, 같은 해 3월 4일 미군이 주도하는 주한유엔군사령부도 이 계획을 승인했다. 이런 계통을 밟아서 주한미군사령부는 '식물통제계획1968'이라는 작전계획을 세우고 비무장지대에 고엽제를 뿌렸다.

고엽제는 기형아를 낳는 등의 심각한 부작용을 안고 있다. 그것은 생

갯벌을 삶의 터전으로 삼고 있는 매향리 주민들에게 미공군의 폭격훈련은 생사를 넘나드는 고통일 수밖에 없다. 미7공군 소속
A10폭격기가 육상사격을 마친 후 농섬에 폭격을 가하기 위해 비행하고 있다. 육상사격장은 주민들의 거센 저항운동으로
2001년 폐쇄됐다. 미군은 매향리폭격장을 A급폭격장으로 분류하며, 괌과 오키나와에서 원정출격을 오기도 한다(2000. 6)

태계를 파괴하는 극독성 물질이다. 이런 물질을 그냥 손으로 뿌렸다는 것은 심각한 문제가 아닐 수 없다.

DMZ고엽작전은 한 퇴역미군의 소송이 아니었더라면, 아마도 세상에 알려지지 않았을 것이다. 고엽제는 자연을 파괴할 뿐만 아니라 그 자연 속에서 살아가는 사람들을 파괴한다. 자연적 존재로서 사람을 파괴해 버린다. 직접 오염된 당사자가 고통 속에서 살아가야 할 뿐 아니라 그의 후손까지도 고통 속에서 살아야 한다.

주한미군을 욕보이기 위해 이 사건을 떠올리고 악용한다고 주장하는 사람들이 있다. 믿어지지 않지만 정말로 그렇다. 숭미파의 정신질환은 이 지경에까지 이르러 있다. 이들은 주한미군이 스스로 욕을 자초하는 점에 대해서는 아무런 말도 하지 않는다. 문제를 무조건 덮어버리거나 문제가 드러나지 않도록 애쓰는 것, 이런 태도는 문제를 더욱 악화시킬 뿐이다. 숭미파는 정확히 그렇게 하고 있다.

세상은 바뀌었다. 우리는 무엇이 문제인지에 대해 잘 알고 있으며, 그 해결책에 대해서도 잘 알고 있다. 주한미군은 더 이상 군림하려 해서는 안 된다. 주한미군은 미국의 국익을 위해 이 나라에 왔으나, 또한 이 나라에 있는 한 우리의 국익을 지켜야 한다. 그렇게 할 수 없다면, 주한미군은 이 나라를 떠나야 한다. 주한미군을 파괴자로 기억하게 되는 것은 실제로 주한미군이 그런 행위를 숱하게 자행했기 때문이다. 정말로 손님의 대접을 받으려면 이런 잘못을 반성하고 바로잡아야 한다.

주한미군이 비무장지대에서 고엽제를 쓴 것은 우리의 자연과 우리 자신을 우습게 여겼기 때문만은 아닐 수도 있다. 당시 미국은 베트남에서 아무렇지도 않게 이 무서운 물질을 사용하고 있었기 때문이다. 그러니 한국의 비무장지대에서 이 물질을 사용해서는 안 될 것이라고 생각할 이유는 없었을 것이다. 문제는 이런 사실이 밝혀지고 난 뒤에 미국이 보여준 태도이다.

　미국은 본래 베트남전 이외의 지역에서는 고엽제를 쓰지 않았다고 주장해 왔다. 그러나 이것은 미군의 정책에 대한 비판과 시비를 피하기 위한 거짓말이었다. 이 거짓말이 우연히 밝혀지게 되었을 때, 미국은 자기가 저지른 잘못을 인정하고 반성해야 했다. 그러나 미국은 그렇게 하지 않았다. 대신에 미국은 한국정부의 요청에 따라 고엽제를 뿌렸다고 주장했다. 그러나 이 주장도 거짓말이었다.

　DMZ고엽작전을 둘러싼 논란은 미국이 얼마나 거짓말을 잘하는가를 보여주었다. 미국은 스스로 잘못을 인정하고 바로잡으려 하지 않는 나라인지도 모른다. 워낙에 많은 나라들과 이해관계의 대립으로 갈등을 빚고 있는 미국인 만큼 잘못을 인정하는 것이 쉽지 않을 수도 있다. 이것이 미국의 실체이다. 주한미군이 파괴자이기도 하다는 사실을 올바로 인식하는 데서 진정으로 올바른 한미관계가 자라날 것이다.

주한미군과 환경문제

무도한 미군

링컨은 "모든 사람을 영원히 속일 수는 없다"고 했다. 옳은 말이다. 아메리카합중국 정부는 그 수반이었던 링컨이 오래 전에 했던 이 말을 명심해야 한다. 어떤 속임수도 모든 사람을 영원히 속일 수는 없으며, 어떤 강제력도 모든 사람을 영원히 억누를 수는 없다. 독재정권은 아메리카합중국 군대에 대한 어떤 비판적 논의도 '원천봉쇄'하고자 했지만, 당연히 그렇게 한다고 해서 현실의 문제가 사라지는 것은 아니었다. 오히려 문제를 감추려는 태도, 문제를 문제로 여기지 않으려 하는 태도 자체가 더욱 심각한 문제로 여겨지게 되었다.

아메리카합중국 군대는 이 땅에서 많은 문제를 일으키고 있다. '만악의 근원'까지는 아니더라도 분명히 '대단히 많은 악의 근원'인 것만은 틀림없다. 역사적으로 가장 큰 문제는 '양민학살'이다. 이미 오래 전에 일어난 일이지만, 그러나 아직까지 진상조차 제대로 밝혀지지 않았다는 점에서 이 문제는 오늘의 문제이기도 하다. 이와 달리 바로 지금 일어나고 있는 문제들은 아메리카합중국 군대의 주둔으로 말미암은 것이다. 양민학살과 같은 무도한 작전은 더 이상 펴지 않고 있다고 해도, 주둔 그 자체로부터 많은 문제들이 빚어지고 있다. 이 땅에서 아메리카합중국 군대는 여전히 여러모로 '무도한 존재'이다.

특히 환경문제와 관련해서 아메리카합중국 군대의 주둔으로부터 빚어지는 문제들은 크게 환경파괴, 개발저해, 건강피해, 생존권침해의 네 가지 항목으로 나누어 살펴볼 수 있다. 여기서 네번째 항목은 대체로 경제적인 피해로 여겨지는 것이지만, 나머지 세 항목과 깊게 연결되어 있다는 점에서 환경문제의 일부로 파악할 필요가 있다. 사실 환경문제는 심각한 경제문제이기도 하다. 환경이 파괴된 곳에서는 경제활동이 제대로 이루어질 수 없다. 아메리카합중국 군대는 이 사실을 잘 보여준다.

이 글에서는 다음의 순서로 아메리카합중국 군대의 주둔으로 말미암은 환경문제에 대해 살펴보고자 한다. 우선 2절에서는 문제의 현황을 요약적으로 정리해서 제시할 것이다. 그리고 3절에서는 문제의 원인을 찾아볼 것인데, 여기서는 군사적인 접근으로는 원인을 제대로 찾을 수 없다는 사실을 강조하고자 한다. 4절에서는 문제를 해결하고자 하는 국내의 여러 가지 노력들을 살펴보고, 마지막 5절에서는 주요 내용을 정리하는 것으로 글을 맺고자 한다.

파괴된 강산

아메리카합중국 군대의 주둔으로 말미암은 온갖 문제에 시달려온 사람들은 "미군기지는 지역주민을 보호하는 것이 아니라, 평상시에는 퇴폐와 범죄와 환경파괴의 주범이요, 전쟁 때는 적군의 타깃일 뿐"이라고 주장한다(김용한, 「아시아 주둔미군과 미군기지 되찾기운동」, www.peacekorea.org/databank/yonghan2.html, 1999). 정도의 차이는 있겠지만, 사실 이 세상의 모든 군대가 이런 성격을 가지고 있을 것이다.

한국군도 성역화되어 있기는 마찬가지며, 곳곳에서 많은 문제를 낳고 있는 것 또한 마찬가지다. 예컨대 육군은 90년대 초에 인제군의 '전국에서 숲이 가장 잘 보존된 곳'에 춘천시의 2.7배, 여의도의 43배나 되는 어마어마한 규모의 '군종합훈련장'(4309만 평)을 설치하겠다는 계획을 발표했다. 당연히 거센 반대에 부딪혔으나 육군은 오불관언의 자세로 일관했다. 이런 식으로 한국군은 많은 환경문제를 빚어냈다. 어쩌면 우리는 아메리카합중국 군대의 문제를 지적하기에 앞서서, 한국군의 문제를 더 철저하게 지적하고 해결해야 옳을지도 모른다.

군대가 생태위기에 미치는 부정적인 영향에 대해서는 이미 많은 논의가 이루어졌다. 예컨대 국제연합의 세계환경발전위원회는 1987년에 발표한 보고서에서 "환경위기는 정치적 긴장과 군사적 갈등의 원인인 동시에 결과이기도 하다"고 지적했다(『우리 공동의 미래』, 새물결 1994, 352쪽). 군대와 생태위기가 맺고 있는 이런 부정적인 관계를 깨달음으로써 나온 것이 '환경안보' 개념이다. 이것은 물론 환경문제가 군사적 긴장의 새로운 원천으로 떠오른 사실을 가리키기 위해 고안된 용어이지만, 군대가 환경문제에 대해 고민하고 대처할 필요성을 적절히 보여준다는 점에도 우리는 충분히 주의를 기울여야 한다.

시대는 이런 식으로 변하고 있다. 이런 이론적 변화를 보노라면, 군대의 이름으로 모든 것을 마음대로 할 수 있던 시대는 역사의 뒤안으로 사라지고 있는 듯하다. 그러나 이 땅에서는 아직까지도 군대의 힘이 아주 크다. 그리고 한국군에 대한 작전지휘권을 보유하고 있는 아메리카합중국 군대의 힘은 더욱더 크다. 그들은 그 큰 힘으로 이 강산을 다양한 방식으로 파괴하고 있다. 앞에서 제시한 대로 그 현황은 환경파괴, 개발저해, 건강피해, 생존권침해로 나누어 살펴볼 수 있다.

환경파괴는 군사훈련이나 오염물질의 불법배출을 통해 자연환경에 부정적인 영향을 미침으로 해서 자연의 원형을 심하게 훼손하거나 자정능력이 작동하지 못하게 만든 것을 뜻한다. 이중에서 가장 흔하고 심각한 것으로는 토양오염을 들 수 있다. 기름이 주원인인데, 심지어 '핵오염'의 가능성도 지적되고 있다. 시민단체가 참여하는 '미군기지오염실태조사단'을 꾸려서 전국의 모든 미군기지를 대상으로 오염실태를 조사해야 한다.

개발저해는 예컨대 도시 한복판에 부대시설을 유지해서 도시개발이 계획대로 진행되지 못하도록 하는 것을 뜻한다. 도시가 아닌 지역에서도 부대가 들어선 곳은 군사지역으로 묶여 특별하게 관리되기 때문에 개발계획이 추진되기 어려워진다.

건강피해는 자연환경의 훼손을 통해 주민들의 건강에 여러 가지 부정적 영향을 미치는 것을 뜻한다. 이런 식의 부정적 영향들은 당연히 심각한 생존권침해로 이어지지 않을 수 없다. 생태적인 차원에서도, 경제적인 차원에서도 그리고 편리성의 차원에서도, 아메리카합중국 군대는 우리에게 큰 영향을 미치고 있는 것이다.

이런 문제들은 아메리카합중국 군대가 주둔하고 있는 모든 지역에서 일상적으로 일어나고 있다. 어쩌다가 한번씩 일어나는 '사고'가 아니라 언제나 늘 일어나는 '일상사'라는 점에 문제의 심각성이 있는 것이다. 1999년 국감자료에 따르면, 1999년 8월 현재 아메리카합중국 군대가 한국에서 사용하고 있는 땅은 94곳, 7339만 평인데, 이중에서 전적으로 사용할 수 있는 전용공여지의 면적은 3600여만 평, 부분적 사용권리를 가지는 지역공여지의 면적은 1천여만 평, 임시공여지의 면적은 2800여만 평이다. 이 땅의 재산가치는 공시지가 12조 6300억 원, 연간사용료 4500억 원에 이른다. 물론 미군은 모두 무상으로 사용하고 있다. 그리고 반환할 경우에는 어떤 복원의 책임도 지지 않는다(황숙희, 「한반도의 미군기지」, 『함께 사는 길』 2001년 9월호).

2001년 7월 18일, 아메리카합중국 국방부는 아메리카합중국 군대가 한국에서 사용하고 있는 땅 중에서 4100만여 평을 앞으로 10년에 걸쳐 반환하겠다는 계획을 발표했다. 이어 2002년 3월 29일에 한국과 아메리카합중국이 '연합토지관리계획(LPP)협정'에 서명함으로써 이 계획은 실제로 집행단계에 접어들게 되었다. 이런 대규모 계획이 추진된 배경은 두 가지로 요약할 수 있을 것이다. 첫째, 군사적 이유이다. 한마디로 주한 아메리카합중국 군대의 현대화라는 차원에서 기지를 줄이는 것이다. 둘째, 사회적 이유이다. 아메리카합중국 군대의 '완전철수'가 아니더라도 '합리적 주둔'을 요구하는 목소리가 갈수록 커진 것이다.

군사적 이유가 기지축소의 가능성을 제공한다면, 그것이 실제로 실현되는 것은 바로 이 사회적 이유 때문이다. 아메리카합중국 군대는 꼭 필요한 땅이 아니면서도 구태여 반환할 필요가 없었기 때문에 많은 땅을 멋대로 이용해 왔다. 그러나 80년대 중반부터 아메리카합중국 군대에 대한 저항이 대중화되기 시작하고, 90년대에 들어와 민주화를 배경으로 저항이 더욱 거세져갔다. 처음에 이런 움직임은 이른바 '나라의 자주권'을 둘러싼 정치적 요구로 나타났으나, 날이 갈수록 '대중의 생존권'을 둘러싼 정치적 요구로 변해 갔다. 바로 이같은 상황의 산물이 연합토지관리계획이다. 이런 점에서 이 계획은 분명히 지난 20년간, 짧게 보아도 지난 10년에 걸친 운동의 중요한 성과라 할 수 있다.

그러나 이 계획은 여러 가지 한계를 가지고 있다. 첫째, 무엇보다 아메리카합중국 군대의 요구를 중심으로 마련된 계획이다. 따라서 이 계획의 요체는 필요하지 않은 땅은 돌려주고 필요한 땅은 새롭게 얻는다는 것으로 요약할 수 있다. 예컨대 파괴의 정도가 가장 심한 매향리의 쿠니사격장이나 파주의 스토리사격장, 수도 한복판에 자리잡고 있는 용산주둔지는 빠졌다.

둘째, 외국의 사례에서 볼 수 있듯이 심각하게 오염되어 있을 것으로 추정되지만, 반환되는 땅에 대한 아메리카합중국 군대의 책임을 물을 수 있는 길이 사실상 없다. 아메리카합중국 정부는 "자국 내 사격장 1km²의 원상복구비용으로 무려 18억 달러(2조 1천억 원)를 책정"해 놓고 있다(『한겨레』 2002. 2. 20). 그러나 외국의 미군기지에 대해서는 주둔국과의 협상에 따르는 것으로 해놓았다. 그러므로 지금으로서는 우리가 엄청난 복구비용을 써야 하는 것이다. "똥 싸는 놈 따로 있고, 똥 치우는 놈 따로 있다"는 말이 꼭 들어맞는 셈이다.

불평등관계

군과 환경의 관계에 관한 한 전문가는 "세계의 군대는 생물권의 구조 자이기는커녕 단일 조직으로서는 지구의 가장 큰 오염원"이라고 말한다(레너, 「환경에 대한 군대의 전쟁행위」, 『지구환경보고서 1991』, 따님 1991, 227쪽). 그중에서도 아메리카합중국 군대는 아메리카합중국에서 "위험폐기물을 가장 많이 발생시키는 집단으로서 세계적으로 소련군대만이 이에 견줄 수 있는 정도"라고 한다(같은 글, 245쪽). 그렇다고 해도 아메리카합중국은 상당히 엄격한 환경법체계와 환경관리제도를 갖추고 있다. 그리고 90년대 들어와서는 환경안보를 강조하면서 국방부차관(환경안보)직을 새로 만들고, 자국 내의 오염된 군사시설들을 복원하기 위해 많은 돈을 들이기도 했다.

그러나 아무리 좋은 법과 제도가 있더라도 제대로 집행하지 않는다면 그런 법과 제도가 없는 것과 무엇이 다르겠는가? 아메리카합중국 군대는 자국 내에서는 법의 엄격한 규제를 받지만, 다른 나라에서는 그런 규제를 받지 않는 경우가 흔히 있다. "미국의 해외군사기지들은 미국 국가 환경정책법령의 적용을 면제받으며 군사기지 협정들에 따라서 주둔국의 관련법규들도 적용되지 않는다"는 것이다(같은 글, 246쪽).

국력이 약한 나라일수록 불평등한 상황으로 내몰린다. 필리핀이 그렇고, 푸에르토리코가 그렇고, 또 한국이 바로 그렇다. 물론 한국은 필리핀이나 푸에르토리코보다 잘사는 나라고 힘이 센 나라일 것이다. 그럼에도 불구하고 아메리카합중국과 대단히 불평등한 관계를 맺고 있다는 점에서, 세 나라의 처지는 크게 다르지 않다. 오히려 필리핀은 기지의 사용을 무상공여가 아니라 임대계약으로 허용하고 있다는 점에서, 분명히 한국보다 아메리카합중국과 훨씬 더 '평등한 관계'를 맺고 있다고 할 수 있다.

 "주둔국의 관련법규들도 적용되지 않"도록 군사기지협정을 맺는 아메리카합중국 군은 분명히 무도한 세력이다. 그러나 국제관계에서 '도'를 운운하는 것 자체가 아마도 잘못된 것일 터이다. 무엇보다 중요한 것은 잘못된 상태를 정당화하는 법과 제도를 고치는 것이다. 여기서 가장 핵심적인 과제로 떠오른 것이 이른바 소파(SOFA)*의 개정이다.

 소파는 1966년 7월에 체결되어 1967년 2월에 발효되었으며, 1991년에 부분 개정되었다. 본협정·합의의사록·개정합의양해사항으로 이루어진 이 협정은 그동안 여러 가지 문제점이 계속 지적되었으나, 아메리카합중국측의 이기적인 태도로 협상은 제대로 진행되지 않았다. 1999년 후반에 들어와 다시금 소파개정을 요구하는 운동이 크게 일어났으나, 이때도 아메리카합중국은 변함없이 협상을 피하고 소파에는 아무런 문제가 없다는 이기적인 태도로 일관했다. 그러나 2000년 2월에 매카시 상병이 이태원의 여종업원을 살해하는 사건이 발생하고, 7월에 용산주둔지에서 미 군속인 맥팔랜드가 독극물 포름알데히드라를 한강에 무단 방류하도록 한국인 군무원에게 지시한 사실이 밝혀졌다. 이런 사건들을 계기로 환경조항의 삽입을 포함한 소파의 전면개정을 요구하는 소리가 한층 커지면서, 마침내 7월 24일 국회 통일외교통상위는 소파의 전면개정을 촉구하는 국회 결의안을 채택했다.

---

* 그 정식명칭은 "대한민국과 미합중국 간의 상호방위조약 제4조에 의한 시설과 구역 및 대한민국에서의 합중국 군대의 지위에 관한 협정"이다. 여기서 알 수 있듯이 이 협정의 모법은 '상호방위조약 제4조'이다. 이 조항은 "토지소유자의 동의 불필요, 무상 주병권, 상호성의 결여, 주둔기간의 무제한" 등의 심각한 문제를 안고 있다(이장희, 「평화통일을 위한 한미군사관계의 국제법적 조명」, 주한미군범죄근절운동본부 엮음, 『끝나지 않은 아픔의 역사』, 개마서원 1999, 439쪽). 따라서 소파의 문제를 해결하기 위해서는 그 모법인 '상호방위조약'의 개정이 필수적이다.

소파의 문제로는 형사관할권 행사의 문제, 민사청구권 행사의 문제, 노무자처우의 문제, 통관·관세 및 조세상의 특혜 문제, 미군 시설과 기지 사용 문제, 협정해석시 영어본 우선 등이 꼽힌다. 1999년 말에 조직된 '불평등한 소파개정 국민행동'은 소파의 내용이 너무 복잡해서 반드시 개정해야 할 사항을 10대 요구안으로 정리해서 제시했다.* 여기서 환경문제와 직접 연관되는 것은 환경파괴의 복구 및 배상에 관한 요구이며, 특히 다음과 같은 소파 4조가 문제를 낳는 근원이라고 할 수 있다.

> 1. 합중국 정부는 본협정의 종료시나 그 이전에 대한민국 정부에 시설과 구역을 반환할 때에 이들 시설과 구역이 합중국 군대에 제공되었던 당시의 상태로 동 시설과 구역을 원상회복하여야 할 의무도 지지 아니한다.
> 2. 대한민국 정부는 본협정의 종료시나 그 이전의 시설과 구역의 반환에 있어 동 시설과 구역에 가해진 개량에 대하여 합중국 정부에 어떠한 보상도 행할 의무를 지지 아니한다.

이 조항을 포함한 소파의 환경관련 문제점으로는 원상회복 및 보상의무의 면제, 환경관련 규정의 결여, 공무집행중의 행위로 야기된 환경오염피해에 대한 배상금 분담률의 불형평성, 비공무집행중 행위로 야기된 환경오염피해에 대한 민사소송절차상의 문제 등이 지적된다. 그 개정방

139

막고   라라 !
주민과 주한미군

향으로는 환경오염피해의 원상회복 및 손해배상 의무조항 신설(기지 자체의 중대한 환경오염피해에 대한 것과 기지 주변의 환경오염 피해에 대한 것), 기지로부터의 환경오염피해에 대한 미군당국의 의무조항 신설, 환경법규의 적용범위조항 신설, 배상금 분담률의 개정, 민사청구에 대한 구체적인 소송절차조항 신설 등이 제시되었다(최승환, 「주한미군기지와 환경오염」, 『끝나지 않은 아픔의 역사』, 494~501쪽).

2000년 여름에 재개된 소파 개정협상은 2001년 1월에 조인되고 2월에 비준되었다.* 환경문제와 관련된 내용은 합의의사록과 개정합의 양해사항에 의해 논의되었는데 "한·미 방위활동과 관련해 환경보호의 중요성을 상호 인정한다, 미국측은 한국의 환경법을 존중하고 우리는 미군의 안전을 적절히 고려한다, 미군의 환경관리지침을 매 2년마다 또는 수시로 검토·보완한다, 환경관련 정보교류와 관련자의 미군기지 출입절차를 마련한다, 환경관리 실적 평가를 실시하고 주요 오염을 제거하며 우리는 미군에 영향을 미치는 기지 외부의 오염에 적절히 조치한다"는 내용이다.

그러나 1992년 아메리카합중국 국방부는 국제적인 압력에 몰려 '해외환경지침서'를 발표했고, 주한 아메리카합중국 군대도 1997년에 마지못해 '주한미군 환경기준안'을 작성한바, 이번의 개정은 이런 현황을 문서화한 것일 뿐이다. 정말로 중요한 오염행위에 대한 처벌조항, 원상회복의 의무, 복원비용의 부담 등에 관한 내용은 전혀 다루어지지 않고, 오히려 "기지 외부의 오염에 적절히 조치한다"는 묘한 조항을 만들어놓았다. 기지 주변은 대부분 농지나 주거지이다. 이런 곳이 기지를 오염시킬 가

폭격장폐쇄 시위에 나선 매향리 주민들(2000. 6. 17)

능성보다는 기지가 이런 곳을 오염시킬 가능성에 대해 주의하는 게 상식적으로 옳을 것이다. 당연히 이런 식으로는 "미군에 의한 환경오염 사고와 환경범죄 행위를 막을 수 없으며, 오염된 환경을 복원할 수도 없다"(이현철, 「소파 개정, 무엇이 문제인가?」, 『환경과생명』 2001년 봄호, 136∼38쪽).

한국에 주둔하고 있는 아메리카합중국 군대로 말미암은 환경문제는 역사적으로 형성된 한국과 아메리카합중국의 '불행한 관계'의 산물이다. 그 실체는 '불평등관계'로 나타났다. 그 불행한 첫 단추는 아메리카합중국 군대가 해방자가 아니라 또 다른 점령자로 이 땅에 들어오면서 비롯되었다. 그 관계는 자국의 이익을 위해 독립과 해방을 향한 이 나라의 수많은 사람들의 수십 년에 걸친 투쟁의 역사를 깡그리 무시하는 것으로 시작되었다. 1905년에는 일본과 밀약을 맺어서 이 나라를 일본이 잡아먹도록 허용했다면, 1945년에는 소련을 막고 일본을 지키기 위해 직접 이 나라에 들어왔던 것이다. 그러한 정치적 목적을 이루기 위해 아메리카합중국은 정치적 정당성이 약하기 짝이 없는 이승만, 박정희(다카키 마사오), 전두환의 후견인 노릇을 했던 것이다. 그리고 이 지배자들은 부족한 정치적 정당성을 강력한 아메리카합중국의 후견으로 보완하려 했다.

그러므로 한국과 아메리카합중국의 불행한 관계는 '추악한 거래'의 산물이다. 아메리카합중국 군대의 주둔으로 말미암은 환경문제를 바로잡는 것은 이러한 추악한 거래의 역사를 바로잡는 것이기도 하다. 환경문제는 단순히 '환경의 문제'에 머무는 게 아닌 것이다.

아메리카합중국 군대의 주둔으로 말미암은 이 나라의 환경문제를 해결하는 길에는 '완전철수'뿐만 아니라 '주둔방식의 개선'도 있다. 이상적으로는 완전철수가 이루어져야 하겠지만, 현실적으로 그렇게 되기는 거의 불가능할 것이다. 앞으로도 오랫동안 우리는 아메리카합중국 군대와 함께 살아야 할 것으로 보인다. 그러나 이제까지와 같은 동거방식은 결코 지탱될 수 없을 것이다. 그것은 추악한 거래의 산물이기 때문이다. 아메리카합중국 정부는 이 점을 하루빨리 깨달아야 한다.

이를 위해 한국정부는 아주 많은 애를 써야 한다. 사실 환경문제만 보더라도 한국군도 큰 문제를 안고 있으며, 한국정부는 여전히 박정희식의 '파괴적 개발'에서 벗어나지 못하고 있는 실정이다. 우리 자신부터 먼저 제대로 고치지 않는다면, 아메리카합중국에 대해 변화를 요구하기 어려울 것이다. 그러나 아직 한국정부는 일방적으로 피해를 보고 있는 국민을 달래고 저항하는 시민운동을 억누르는 데 더 많은 힘을 쓰고 있다. 한심한 일이 아닐 수 없다. 전국 곳곳에서 많은 사람들이 문제를 해결하기 위해 스스로 나서고 있는 것은 너무도 당연한 일이면서 그나마 우리의 앞날을 위해 다행스러운 일이라고 하지 않을 수 없다.

시민의 힘으로

2001년의 소파개정은 아메리카합중국 군대가 빚고 있는 환경문제를 막기 위한 것이 아니라 막는 척하면서 오히려 한국정부에 더 큰 부담을 지우는 것이었다고 해야 옳을 것이다. 이 문제를 심층취재한 한 보도는 이렇게 말한다.

> 현행 소파협정 합의의사록 3조 2항에 미국은 "대한민국의 환경 법령 및 기준을 '존중'하는 정책을 확인"하는 데 그치는 반면, 한국은 "미국인의 건강과 안전을 고려해 환경법령과 기준을 '이행'"하도록 돼 있다. …미군 쪽은 미국 국방부가 마련한 '해외주둔미군 환경준수지침서'에 따라 기름·식수 오염, 소음, 폐기물 등 18개 항목에 대해 엄격한 기준을 정해 정기적으로 환경조사를 벌이고 있

다고 주장한다. 그러나 이런 기준이 제대로 지켜지고 있는지 미군이 자발적으로 조사결과를 공개한 적은 한번도 없다. 박용규 환경부 환경정책총괄계장은 "미군이 지금까지 오염사실을 인정한 적이 없고, 설사 인정하더라도 한국이 오염물제거를 요구할 수 없게 돼 있다"며 소파협정의 근본적 한계를 탓했다. (『한겨레』 2002. 2. 20)

이렇게 한계가 명백한 소파를 제대로 고치기 위해 최선을 다하지 않는 것은 한국정부의 한계로 보아야 하는가, 아니면 직무유기로 보아야 하는가? 아무튼 결과는 마찬가지다. 아메리카합중국 군대는 아무런 제재도 받지 않고 이 땅을 제멋대로 이용하고 망가뜨릴 수 있다는 것이다. 돌려받는 땅을 쓸 만한 곳으로 고치려면 수천억 아니 수조 원의 돈을 써야 할 것이다. 돌려받지 못한 땅에서는 언제까지고 계속해서 환경이 오염되고 파괴될 것이다.

이처럼 아메리카합중국 군대의 주둔으로 말미암은 여러 가지 문제들을 해결하기 위한 시민의 자발적 노력으로 가장 중요한 것은 '우리 땅 미군기지 되찾기 범국민운동'이다. 이 운동은 용산주둔지의 이전을 둘러싼 논란으로부터 시작되었는데, 1989년 대전으로 옮긴다는 얘기가 나오자 '용산미군기지 대전이전 반대운동'이 펼쳐졌다. 아메리카합중국 군대의 기지와 관련해서 펼쳐진 첫 시민운동으로 평가받는 이 새로운 운동을 이어받아 오늘날과 같은 큰 운동으로 키운 것은 '용산미군기지 평택이전을 결사반대하는 시민모임'이다. 1993년에 '되찾기운동'을 처음으로 시작한 김용한은 그 과정을 다음과 같이 설명한다.

미군기지 반환운동은 지난 1993년 경기도 평택에서 시작되었다. 1990년 3월 '용산미군기지 평택이전을 결사반대하는 시민모

불평등한 SOFA 전면개정을 촉구하며 상복을 입고 거리에 나선 여성단체 회원들

임'(약칭 평택시민모임)으로 시작된 지역이기주의 차원의 시민운동이 3년 만에 승리를 거두면서 시작된 것이다. 당시 '평택시민모임'은 1989년에 역시 같은 문제로 싸웠던 대전사람들이 '용산미군기지 대전이전 저지'를 기념하며 계룡산에서 공대위 해체식을 가졌다는 소식을 전해 듣고 상당히 분해한 적이 있다. 그래서 "우리가 이기긴 힘들겠지만 만약에 이긴다면 현재 평택에 있는 두 개의 미군기지를 돌려받기 위해 싸우자"는 결의까지 했다. 1993년 7월 국방부의 "용산미군기지 지방이전 유보" 발표를 이끌어낸 '평택시민모임'은 곧바로 평택역 광장에서 '용산미군기지 평택이전 저지기념 및 미군기지 반환촉구를 위한 범시민대회'를 가짐으로써 모임결성 초기의 결의를 이행한 것이었다. (김용한, 「외국의 미군기지 환수사례와 우리의 대안」, http://peace.jinbo.net/peacecamp/2000/main/2000/tour6. htm, 2000)

이 운동은 당시 서울의 시민운동에서 제기한 용산주둔지의 '이전론'과 이에 맞서 지역에서 제기한 '반대론'의 대립을 넘어설 수 있는 논리로 '반환론'을 펼치고 퍼트렸다는 점에서도 주목할 필요가 있다.

반환론은 철수론과 다르다. 철수론이 80년대 반미자주화운동이 내걸었던 핵심적인 정치요구였다면, 반환론은 이전론의 맹점을 짚은 것이라고 할 수 있다. 예컨대 이전론이 용산주둔지를 지방으로 옮기라는 주장을 하는 데 대해, 그렇게 해서는 다른 지역에서 문제가 생길 수밖에 없다는 사실을 보여주는 것이 반환론이다. 반환론이 철수론과 다른 점은, 당장 철수할 것을 요구하는 것이 아니라 철수를 궁극적인 목표로 삼되 머무는 동안에는 평등하고 합리적인 방식으로 주둔할 것을 요구한다는 데 있다. 요컨대 반환론은 '합리적 주둔론' 혹은 '주둔방식의 합리화론'이다.

반환론을 처음으로 제안한 '평택시민모임'의 김용한은 '되찾기운동'을 "당장의 미군 철수나 기지이전 또는 반대가 아니라 임대기간 설정, 임대료 징수, 기지의 평화적 활용방안 마련 등을 요구하는 시민운동"이라고 설명하면서, 조약이나 협정의 개정은 어렵기 때문에 '우리 정부만 마음 먹으면 되는 해결책'으로 '미군기지 주변지역 지원특별법'(가칭)의 제정을 제안한다.

아메리카합중국 군대의 주둔으로 빚어진 문제들을 해결하기 위해 펼쳐지고 있는 시민운동에는 '되찾기운동'을 비롯해서 여러 운동이 있다(노근리에서 매향리까지 발간위원회 엮음, 『노근리에서 매향리까지』, 2001). 물론 이 운동들은 여러 가지 차이점을 가지고 있지만, 그러나 단순히 정치적인 목적을 추구하지 않고 전문적인 연구와 합리적인 대안을 찾는다는 공통점을 지닌다. '미군기지 주변지역 지원특별법'도 그런 좋은 예라고 하겠다. 오늘날 세계에서 가장 강한 나라와 싸우는 데서 시민의 힘보다 더 중요한 것은 없다는 사실을, 그리고 그 힘은 비록 분노에서 비롯되었지만 전문적으로 다듬어지기도 했음을, 아메리카합중국 군대의 주둔과 관련된 문제들을 해결하려는 시민운동에서도 쉽게 확인하게 된다.

맺음말

아메리카합중국 군대는 세계 곳곳에 주둔하고 있다. 주둔은 자국의 이익을 지키기 위한 것이지만, 또한 그 자체가 하나의 경제적 활동이기도 하다. 이른바 '미국화'는 문화적인 차원에서만 나타나는 것은 아니다. 정치·군사적인 차원에서도 미국화는 이루어지며, 아메리카합중국 군대는 그 첨병이기도 하다.

여기 아주 좋은 예가 있다. 2002년 4월에 한국의 국방부는 국민적인 반대를 무릅쓰고 공군의 다음 기종으로 아메리카합중국의 F-16을 선정했다. 이 비행기가 "1시간 미만의 비행에 소비하는 연료는 미국의 일반적인 자가운전자가 일년 동안 소비하는 연료의 거의 두 배에 이른다"고 한다(레너, 앞의 글, 235쪽). 더 큰 문제는 이 비행기가 이미 낡은 기종이어서 미군에서는 더 이상 사들이지 않기로 했거니와, 엔진이상으로 말미암아 이미 몇 차례나 추락사고를 일으키기도 했다는 점이다. 이렇게 큰 문제를 안고 있는 낡은 비행기를 차세대기종으로 선정하는 것은 정말 큰 문제가 아닐 수 없다. 국민적 반대에도 불구하고 공군이 이 비행기를 선정한 주요 이유에는 한국과 아메리카합중국의 전통적인 동맹관계가 포함되어 있다. '전쟁국가'와 친하게 지내기 위해서는 그 나라의 요구를 들어주어야 하는 것이다.

한국과 아메리카합중국은 처음부터 평등한 관계로 시작하지 않았다. 두 나라의 불평등한 관계는 아메리카합중국이 한국의 독재정권에 대한 후견자가 되는 '추악한 거래'를 통해 더욱더 깊어져 갔다. 아메리카합중국 군대가 이곳에서 제멋대로 저지르는 온갖 범죄는 그 좋은 예이지만, 90년대 이후로는 그로 말미암은 환경문제에 대한 관심과 저항도 갈수록 커지고 있다. 경제가 성장하고, 그 바탕 위에서 민주화가 진척되고, 또한 냉전의 종식과 생태위기의 심화라는 국제정세까지 겹치면서, 아메리카합중국 군대의 주둔에 감사해하고 그로 말미암은 문제에 눈을 감는 태도는 눈에 띄게 약해졌다.

그러나 아메리카합중국은 이러한 시대의 변화에도 불구하고 자신의 잘못을 제대로 인정하거나 고치려 하지 않고 있다. 그리고 한국정부는 여전히 아메리카합중국에 대해 국가 대 국가의 평등한 관계를 제대로 요구하지 않고 있다. 그러므로 전국 각지에서 이런 상황을 넘어서 자신의 권리를 찾으려는 시민운동이 거세게 펼쳐지는 것은 너무도 당연한 일이다. 요컨대 '기지 되찾기운동'은 '권리 되찾기운동'이기도 하다. 운동

은 이제야 본격적으로 펼쳐지는 단계에 들어섰지만, 이것이 가져온 변화
는 이미 적지 않다.

한국에 주둔하고 있는 아메리카합중국 군대가 이 나라의 주요한 환경
파괴원이라는 사실은 너무도 분명하다. 이 사실은 더 이상 숨길 수 없으
며, 문제를 바로잡는 것만이 유일한 해결책이다. 이 땅에서 아메리카합
중국을 대상으로 펼쳐지는 많은 운동들은 '미군기지 되찾기운동'에서 잘
알 수 있듯이, 더 나은 삶을 향한 자연발생적인 시민운동의 성격을 띠고
있다. 더 나은 삶이라는 이 자연스럽고 보편적인 요구에 우리는 귀를 기
울여야 한다. 그리고 아메리카합중국과 한국의 정부로 하여금 이 요구
에 귀를 기울이도록 해야 한다.

주한미군과 한반도의 지뢰

『백년보다 긴 하루』라는 소설에서는 유목민의 장례행렬 위에서 전개되는 미사일실험의 모습이 담담하게 그려지고 있다. 유목민과 미사일. 전혀 어울리지 않을 것 같은 장면이지만, 그러나 바로 이 부조화의 장면 속에서 현대의 일상이 전개되는 것이다.

시선을 옮겨서 우리가 발을 버티고 살아가는 지상을 바라보자. 여기서 우리는 인간을 죽이기 위해 이 세상이 얼마나 강력하게 무장하고 있는가를 더욱 분명하게 볼 수 있다. 도처에 자리잡고 있는 수많은 군사기지와 군관련 시설들. 시도 때도 없이 곳곳에서 치러지는 각종 군사훈련이며 무기실험들. 거대한 살상력과 생산력이 뗄 수 없이 결합되어 있는 현대의 야누스적 면모. 세상은 이미 무장력의 위세를 통해서만 생존과 번영을 안도할 수 있게 된 것이 아닐까. 미사일은 이러한 현대의 실상을 가장 적나라하게 보여주는 예에 속한다. 그러나 미사일만큼 강력하지는 않고 그만큼의 위세를 부릴 수는 없지만, 그것보다 더 교묘하고 은밀하게 인간의 목숨을 노리고 숨어 있는 무기체계가 있다. 그것은 바로 지뢰이다.

우연히 보게 된 한 장의 사진이 오래도록 내 머리에서 떠나지 않는다. 손이나 발이 뭉텅 잘려나간 사람들. 그럼에도 불구하고 의족이나 의수를 할 돈이 없어 그저 불운을 탄식하며 살아가야 하는 사람들. 아니 그나마 목숨을 건진 것을 불행 중 다행으로 여기며 살아가야 하는 사람들. 오랜 내전을 거치는 동안 무려 1천만 개의 지뢰가 매설된 캄보디아의 피해상황을 보여주는 보도사진이었다. 캄보디아에서 지뢰폭발사고는 특별한 일이라기보다는 오히려 일상사에 속한다고 한다. 불행의 일상화 혹은 일용할 양식을 위해 밭을 갈다가 혹은 동무들과 어울려 장난을 치다가, 운이 좋으면 손발을 먹이로 내주게 되고, 좀더 운이 나쁘면 몸뚱어리 전체를 제물로 바치게 된다.

한때 지뢰는 그래도 인간적인 면모를 지닌 무기였다. 재수가 없어서 지뢰를 밟게 되더라도 약간의 감각과 기술만 있다면, 손쉽게 제거하여 무용지물로 만들 수도 있었던 것이다. 미국의 TV방송사상 가장 시청률이 높은 프로그램에 속하는 〈전투〉에서는 이런 장면이 자주 연출되곤 했다. 물론 다른 전쟁영화에서도 지뢰를 밟고 제거하는 장면은 꽤 자주 볼 수 있던 장면에 속한다. 그래서 이런 장면에 익숙한 사람이라면 지뢰를 조금은 우습게 여길는지도 모른다. 그까짓 것, 막대기만 있으면 다 피해 갈 수 있어! 그러나 오늘날의 지뢰는 이같은 생각을 전혀 터무니없는 것으로 만들어버린다. 밟았다고 생각할 틈도 없이 터져버리는 것이다. 개미지옥에 빠진 개미처럼 이제 지뢰를 밟고도 피해 갈 수 있는 여지는 거의 없다.

유엔의 통계에 따르면 1996년 현재 전세계 64개국에 1억 1천만 개 이상의 지뢰가 매설되어 있다. 전세계 인류에게 나눠준다면, 대략 인구 50명당 1개꼴로 배당받을 수 있는 엄청난 양의 지뢰가 지구 전역에 매설되어 있는 셈이다.

세계 곳곳에 매설된 이 지뢰 때문에 해마다 2만 5천여 명이 목숨을 잃고 있으며, 그 피해자는 대부분 민간인들이다. 수치로만 본다면 피해자들이 그렇게 많은 것은 아니라고 할 수도 있다. 교통사고로 죽는 사람만 해도 이보다는 많지 않은가. 이러한 현대문명의 역설은 분명 '위험사회'로서 현대사회의 특성을 잘 보여주는 사례임에 틀림없다. 그러나 여기서는 현대 무기체계의 역설에 좀더 집중하도록 해보자.

이 경우 우리가 주목해야 하는 것은 우선 살상력이 큰 무기일수록 오

전세계에 매설된 지뢰현황 (단위|만개)

이란	1,600	한국	미상	아제르바이잔	5	모잠비크	200
이라크	1,000	니카라과	10.9	크로아티아	200	차드	7
요르단	20.6	에콰도르	6	리투아니아	1.7	에리트레아	100
예멘	10	온두라스	3.5	유고	50	르완다	6
레바논	2	포클랜드	2.5	키프로스	1.6	소말리아	100
아프간	1,000	엘살바도르	1	이집트	2,300	나미비아	5
캄보디아	1,000	보스니아	300	수단	100		
중국	1,000	그루지아	15	앙골라	1,500		
베트남	미상	우크라이나	100	에티오피아	500		

* 자료|국제적십자위원회(『한겨레』 1996. 5. 5에서 재인용)

히려 살상력을 발휘하는 경우가 드물다는 사실이다. 지구를 수십 번 날려버리고도 남을 정도의 핵무기가 있지만, 그것이 실제로 사용된 예는 아직까지 단 한번에 그치고 있다. 다행스럽게도. 그것은 일종의 위세의 무기, 즉 이른바 전문용어로 말하자면 억지력에 해당하는 것이다. 따라서 핵시대라는, 종말론적 수사로서 흔히 동원되곤 하는 이 시대규정은 현대적 일상을 구성하는 주요한 요소이지만 일상을 실제로 규정하는 물리력으로 작용하지는 않는다. 우리의 일상이 끊임없는 전투의 연장에 있다는 사실을 실제로 체감하게 하는 것은, 또다시 전문용어로 말하자면 이른바 재래식무기들이며, 그중에서도 지뢰의 역할은 실로 막중하다.

또 한 가지 주목해야 할 것은 앞의 표에서도 분명하게 드러나지만, 지뢰가 제3세계에 집중 매설되어 있다는 사실이다. 유럽에도 지뢰가 매설되어 있기는 하나, 모두 내전을 겪고 있는 동유럽에 국한되어 있다. 과연 이 지뢰들은 어디서 나타난 것들일까. 이 지뢰들은 대부분 경제적으로, 따라서 군사적으로도 선진국인 나라들에서 생산되어 판매된 것이 아닐

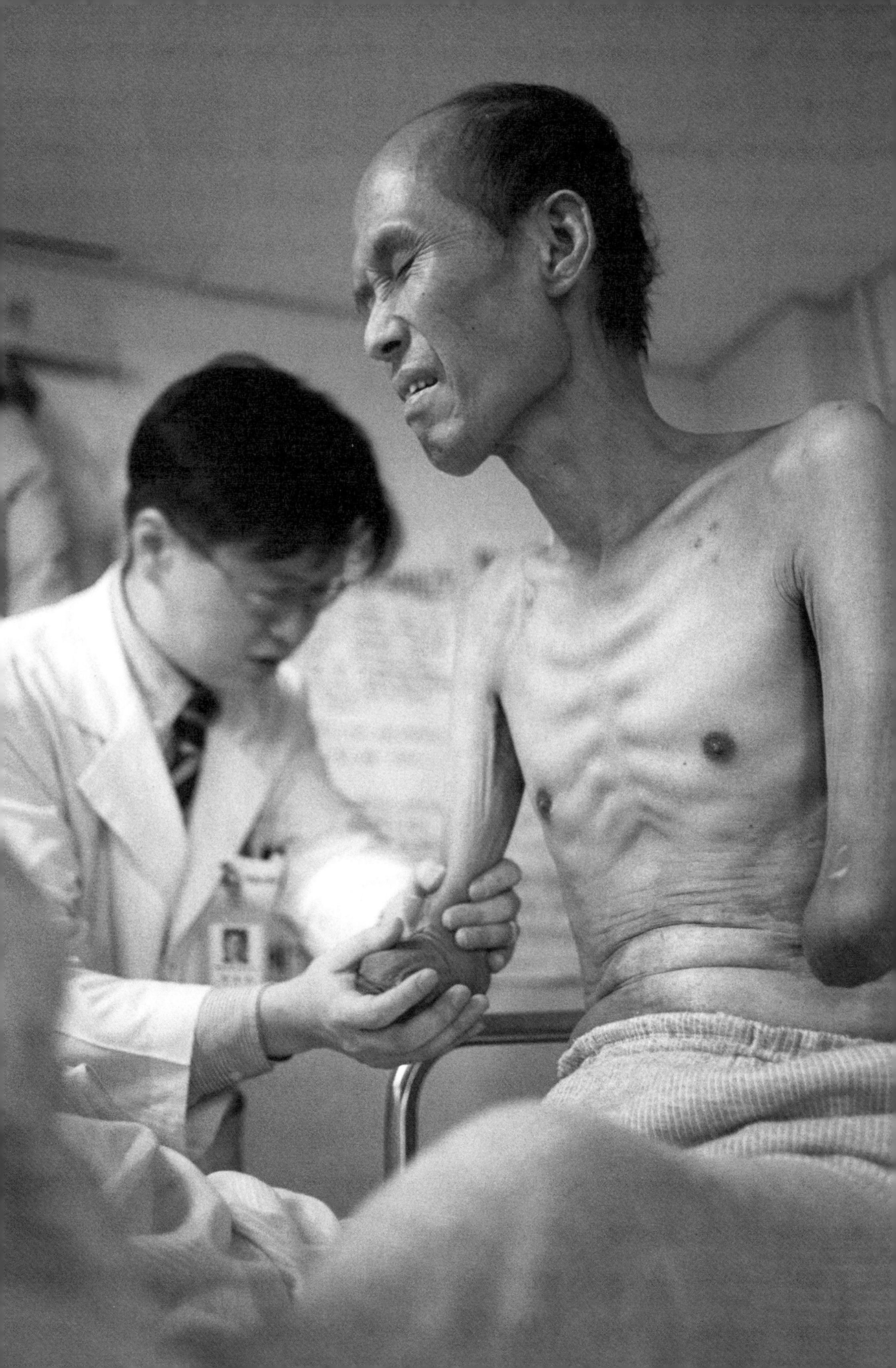

까. 그렇다면 흔히 선진국과 후진국의 사회적 격차와 상호관계를 가리키는 용어로 사용되는 남북문제는 이같은 재래식무기의 횡행을 통해 관철되는 일상의 군사화 속에서 그 불평등한 면모를 가장 노골적으로, 그리고 가장 비참한 형태로 드러내는 것인지도 모른다. 지뢰의 사용은 전술적 고려 이상의 의미를 함축하고 있는 것이다.

지뢰의 사용에 따른 무차별적 살상에 대한 국제사회의 비판은 이미 오래 전부터 있어왔다. 그리고 이러한 비판에 비해 지뢰가 지니는 전략적 가치는 사실 크지 않은 것이었기에, 거대한 냉전의 장막이 걷힌 상황에서 지뢰의 사용을 재고하려는 전환의 움직임이 개시되었다.

그 결과 대인지뢰 사용금지를 위한 국제회의가 1996년 4월 22일 스위스 제네바에서 열렸다. 국제분쟁에서 지뢰사용을 금지하기로 한 협정은 이미 지난 1980년에 체결되었는데, 이 회의에서는 당시의 협정을 재검토해 내전에서도 지뢰사용을 금지하는 문제가 초점으로 부각될 전망이었다. 그러나 53개국이 참여하여 이 회의에서 지뢰사용의 전면금지에 관한 합의는 이루어지지 않았다. 그렇다고 회의가 완전히 실패로 돌아간 것은 아니었다. 탐지하기가 쉬운 지뢰를 사용하도록 하고, 1997년부터는 일정 기간이 지난 뒤 화력이 자동소멸되는 장치를 지뢰에 갖추도록 하는 약속이 이루어졌던 것이다.

대인지뢰 사용금지를 위한 국제사회의 노력은 계속되었다. 유엔 군축·안보위원회는 1996년 11월 13일 대인지뢰 사용금지에 관한 국제협정의 체결을 촉구하는 결의안을 채택했다. 군축·안보위는 대인지뢰의 이용·비축·생산·양도 등을 금지하는 협정을 체결토록 모든 국가들에 요구하는 것을 내용으로 하는 결의안을 반대 없이 찬성 141표, 기권 10표로 승인했다. 땅속에 숨어 무차별적인 살상을 자행하는 무기의 사용을 금지한다는 것은 극단으로 치달은 야만의 질서를 다시금 문명의 질서로 전환시키기 위한 귀중한 노력의 일환으로 인정할 만한 것이다. 그러나 한반도는 아직 이러한 변화를 느낄 수 없는 상황에 있다. 아니 이같은 변화가 진행되는 지역에서 의도적으로 배제되었다.

1996년 4월에 개최된 대인지뢰 사용금지에 관한 국제회의의 주요 의제 중의 하나는 일단 매설되면 자동폐기할 수 없는 이른바 '멍청이' 지뢰의 사용에 대한 엄격한 규제였다. 지뢰는 하나씩 묻어 장치하는 경우도 있지만, 흔히 사용되는 더 강력한 매설방법은 비행기를 이용해 넓은 지역에 동시다발적으로 뿌리는 것이다. 따라서 설치할 수는 있지만 찾아서 폐기할 수는 없는 경우가 흔하며, 이 때문에 누가 언제 어디서 피해를 입을지 모르는, 모든 것을 운에 맡길 수밖에 없는 상황이 조성되는 것이다.

'멍청이' 지뢰의 사용을 금지한다는 것은 이 점에서 상당한 진전이라고 할 수 있다. 이미 매설된 지뢰의 탐지와 폐기에 많은 비용이 들고 있는 상황을 염두에 둔다면, 일정 시한이 지나면 자동폐기되는 지뢰를 사용하는 것만으로도 지뢰로 인한 피해는 상당히 줄어들 수 있을 것이다.

대인지뢰 사용금지에 관한 국제회의가 열리기 직전인 1996년 4월 18일 윌리엄 페리 당시 미 국방장관은 조지타운대학에서의 연설에서, 미군은 한국에서 지뢰를 계속 사용할 것임을 밝혔다. 그리고 클린턴 대통령은 1996년 5월 16일 멍청이 지뢰의 사용을 전면 금지한다고 발표했으나, 한국의 비무장지대와 미군훈련용 등 두 가지 경우는 제외한다는 조건하에서였다. 한국에서는 아무런 변화도 일어나지 않은 것이다. 이에 관해 『뉴욕타임스』는 동년 5월 8일자 기사에서 "나쁜 선례가 되어 다른 국가들에게도 지뢰사용을 원하는 지역을 예외로 만들도록 고무할 것"이라고 지적하면서, 한미연합 야전사령관을 지낸 제임스 홀링워스 장군의 "대인지뢰가 실제로 북한군 공격 때 오히려 군의 자유스러운 기동을 방해할 것"이라는 비평을 실었다.

　지뢰로 인한 민간인피해는 한국에서도 전혀 낯선 일이 아니다. 대인지뢰 사용금지에 관한 국제사회의 논의가 한창이던, 그리고 미국이 한국에서는 지뢰정책의 불변을 결정하던 1996년 5월에도 사고가 잇따랐다. 1996년 5월 21일 오전 9시경, 경기도 연천군에서 주민 성부현씨가 산나물을 뜯다가 대인지뢰를 밟아 즉사했다. 5월 24일 오전 7시경, 또다시 경기도 연천군에서 주민 전창국씨가 산나물을 뜯다가 대인지뢰를 밟아 즉사했다. 바구니 가득 나물을 뜯으려다가 황천객이 된 사람들을 보고 괜한 욕심에 화를 자초했다고 비난할 수 있을까.

　1996년 장마철에는 더욱 황당한 사건이 발생하여 우리를 긴장시켰다. 집중호우로 말미암아 탄약고가 유실되어 많은 지뢰와 탄약이 사방으로 흩어졌는가 하면, 매설된 지뢰들이 넓은 범위로 쓸려나가 버린 것이다. 이 사고와 관련하여 1996년 8월 6일 육군 1군사령부는 매설지뢰의 유실위험지역을 발표했다. 발표에 따르면, 매설지뢰가 유실되었을 것으로 예상되는 지역은 △화천군 민간인통제선 북방 등대리-북한강-평화의 댐 17km 구간 △양구군 민통선 북방 하심포-문등리-수입천 사이 21km 구간 △양구군 민통선 북방 하청송-사태리-파로호에 이르는 23km 구간 △인제군 민통선 북방 직골-소양강-양지촌 사이 29km 구간 등으로, 위험지역의 총면적은 106만 평에 달했다. 이 지역들은 졸지에 포탄과 지뢰가 곳곳에 흘러넘치는 위험지대로 변모하고 말았던 것이다. 그러나 집중호우는 늘 있는 현상이라는 것을 우리는 잊어서는 안 된다.

매향리의 논밭과 갯벌에는 미군이 쏟아부은 불발탄과 훈련탄이 널려 있다. 아이들이 불장난이라도 했다가는 끔찍한 변을 당할 수 있다

이처럼 지뢰사고가 끊이지 않는 곳은 비록 지금은 전선지역이지만 장차는 바로 통일의 접경지역이 될 곳이다. 그중에는 벌써부터 투기과열이 우려되는 지역도 있다. 지금은 곳곳이 지뢰매설지역이라는 붉은 표지를 붙이고 철조망으로 통제된 지역이라도, 앞으로는 많은 사람들이 왕래하고 거주하게 될 소중한 공간이다. 그러나 이 지역에 얼마나 많은 지뢰가 매설되어 있는지는 아무도 모른다. 한국전쟁 당시 미군이 얼마나 많은 지뢰를 비행기로 쏟아부었는지는 아무도 모른다. 앞으로 얼마나 많은 사람들이 피해를 입게 될지, 얼마나 많은 비용이 들어야 이 지뢰들을 제거할 수 있을지 아무도 모른다는 뜻이다.

이런 상황에서 한국을 지뢰사용의, 그것도 한번 매설하면 어렵게 찾아내서 폐기하거나 아니면 그 용도대로 폭발하게 될 때까지 먹잇감을 호시탐탐 노리는 멍청이 지뢰의 사용지역으로 유보한 미국의 조치는 전략적으로 무용한 단견이며 불평등한 힘의 관계를 기반으로 한 횡포에 해당한다. 지뢰폭발사고나 매설지뢰 유실사고에서 볼 수 있듯이, 지뢰는 전술적 효용보다도 오히려 미군으로 인해 한국민이 입게 되는 중대한 생활상의 피해를 더욱 가중시키는 것이기 때문이다. 한국은 냉전시기 동안에 팽대해질 대로 팽대해진 야만의 질서를 시급히 문명의 질서로 전환해야 할 곳이다. 미국은 이 과제의 달성에서 큰 책임을 지고 있으며, 적극적으로 대응해야 한다. 한국에서 지뢰사용의 전면적인 금지는 그 출발점이 될 것이다.

『한겨레』(2003. 2. 4) '왜냐면'란에 「미국은 한반도 대인지뢰 매설 책임져야」(김미옥)라는 글이 실렸다. 이 글을 통해 한국의 대인지뢰와 미국의 책임에 관한 문제를 한번 살펴보기로 하자.

2003년 1월 15일, 한국대인지뢰대책회의는 기자회견을 열어 '주한미군의 한반도 내 대인지뢰 매설과 그 피해현황'에 관한 실태조사 결과를 발표했다. 이에 따르면 주한미군은 한국전쟁 때부터 60년대까지 미군기지 주변에 지뢰를 묻었으나 뒤에 그 지뢰를 없애지 않았을 뿐만 아니라 관련정보조차 한국군에게 넘기지 않았다.

이 기자회견이 열리고 5일 뒤에 주한미군은 "한국 내에서 지뢰를 설치한 적이 없다"는 내용의 간단한 해명문을 발표했다. 그러나 이를 반박할 수 있는 근거는 많다. 예컨대 한국전쟁에 참전했던 미군대위 존 웹스토버는 1955년에 직접 기록한 『한국에서의 전투지원』(*Combat Support in Korea*)에서 "미군 지뢰전 교리는 흠잡을 데가 없으나 8군이 12만 발의 지뢰를 부대에 보낸 후 불과 2만 발만 보유하고 있거나 매설기록을 유지하고 있었다. 나머지 10만 발은 버리거나 기록도 하지 않고 매설되었다"고 밝혔다. 주한미군은 지뢰를 매설했을 뿐 아니라 아주 불합리하게 매설하고 관리했던 것이다.

전쟁이 끝나고 나서 주한미군은 지뢰제거작업을 벌이지 않았다. 미군은 지뢰를 매설할 때 지뢰매설지도를 정확히 작성해 두지 않았고 "정전협정이 효력을 발생한 후 72시간 내에 그들의 일체의 군사역량·장비 등을 비무장지대에서 철거해야 함"을 명시한 '정전협정 2조 13항 ㄱ조'를 지키지 않았다. 그리고 미국이 주도적으로 체결한 '특정재래무기금지협약(CCW) 개정 제2의정서 10조 1항'의 "적대행위의 종료 후 자신의 통제 아래 있는 지역 안의 지뢰 등을 제거·철거·파괴할 책임"도 지키지 않았다.

1997년에 미국은 세계의 지뢰제거를 위해 2010년까지 매년 10억 달러를 투입하겠다고 밝혔다. 미국은 한반도에 매설한 지뢰에 대해서도 마땅한 책임을 다해야 할 것이다. 100명이 넘는 것으로 드러난 피해자들에게 보상하고, 매설한 지뢰를 찾아 없애야 할 것이다. 한국정부의 책임도 크다. 한국대인지뢰대책회의는 대인지뢰 매설문제를 조사하면서 관련 질의서를 국방부에 냈으나, 국방부의 답변은 한·미 합의에 따라 과거 미군기지 실태에 관한 문서들을 오래 전에 폐기했다는 것이었다고 한다.

문제의 뿌리는 '한미주둔군지위협정'(SOFA)에 닿아 있다. 그 3조는 미군이 한국 내에서 기지를 사용할 때 기지관리에 필요한 모든 조처를 할 수 있도록 하면서도 한국 쪽에 통고할 의무를 지우지 않으며, 4조에서는 기지를 반환할 때 "미군이 행한 조치에 대한 원상복구 및 보상의 책임"도 미군에게 지우고 있지 않기 때문이다. 이 명백한 불평등조항이 대인지뢰와 같은 치명적인 문제에도 영향을 미치고 있는 것이다.

주한미군은 할 일은 하지 않고 하지 말아야 할 일은 열심히 하고 있다. 비무장지대에 널려 있는 지뢰를 어렵게 없애고 길을 닦았으나, 주한미군이 임시도로의 군사분계선 통행에 관해 관할권을 주장하고 나서서 남북협력사업이 차질을 빚게 된 것이다. 주한미군은 정전협정에 따른 정당한 권리라고 주장한다. 이에 반해 북한은 남북군사보장합의서를 들어 주한미군의 개입을 거부하고 있다.

그러자 2003년 1월 6일, 리언 라포트 유엔사사령관은 북한의 거부를 "정전협정의 권한에 대한 직접적인 도전"이라고 비난했다. 주한미군의 이런 태도는 90년대 중반부터 이루어진 여러 변화들을 무시하고 50년 전으로 시계바늘을 되돌리려는 것이다. 이런 짓을 하는 목적은 물론 한반도에서 미국의 기득권을 지키기 위해 남·북한을 압박하려는 것이다. 한심한 작태가 아닐 수 없다.

육로개설을 맞아서 주한미군이 진정으로 해야 할 일은 남·북한의 교류와 협력에 딴지를 거는 것이 아니다. 주한미군은 한국전쟁 당시에 비

행기로 지금의 비무장지대에 100만 개가 넘는 대인지뢰를 쏟아부었다
고 한다. 주한미군은 이것들을 없애는 데 힘을 쏟아야 한다. 지뢰사고가
터질 때마다 주한미군에 대한 한국인의 비난은 거세질 것이다. 역사의
시계바늘을 붙잡고 허튼 노력을 하지 말고 역사의 물결이 흐르는 대로
따라 흐르는 현명한 주한미군이 되길 바란다.

하늘엔 평화, 그러나 땅에는…

세상에는 죽어서도 눈을 감을 수 없는 억울한 일들이 있다. 이제야 비로소 사실로 인정된 '노근리학살사건'도 그런 경우에 해당할 것이다. 직접적인 피해당사자들은 물론이거니와 그렇지 않은 많은 사람들에게도 이미 오래 전부터 잘 알려져 있던 이 참살극은, 그러나 이에 대해 거론하는 것조차 '이상한 시각' 혹은 '삐딱한 시각'을 가진 사람들로 몰아가는 독재정권에 의해 결코 일어나지 않았던 일로 치부되어 왔다.

육군사관학교가 펴낸 『한국전쟁사』에 이 사건은 "피란민을 앞세운 인민군을 미군이 맞아 싸웠다"고 기록되어 있다고 한다. 그러나 사실은 어떠했는가? 1950년 7월 26일 미군은 노근리 철로 위에 주민 500여 명을 피난시켜 주겠다고 모아놓고는 무스탕 전투기로 학살하고, 철로 밑 굴다리로 주민들이 숨자 다시 미군은 그 앞 야산에 기관총을 걸어놓고 29일까지 계속해서 굴다리를 빠져 나오는 주민들을 학살했다고 한다. 최근에 AP통신이 입수한 명령서는 이 학살극이 주민들을 "적으로 취급하라"는 미군의 공식명령에 따라 자행된 것이었음을 명백히 보여준다. 하늘엔 평화, 그러나 땅에는 학살….

노근리 주민들은 이미 1960년부터 이 참혹한 범죄행위의 진상규명과 배상을 미국과 한국 정부를 상대로 요청해 왔다. 그러나 그동안 양국정부는 증거가 없다거나 시효가 지났다며 덮어두려 하고, 심지어 회신조차 하지 않은 채 무시하는 방식으로 이 사건을 처리해 왔다. 억울함으로 피멍 든 가슴에 쇠말뚝을 박는 행위가 반세기 가까운 세월이 지나도록 계속되어 왔던 셈이다. 계획된 학살극이었다는 사실이 밝혀진 지금, 과연 그 말뚝들은 시원하게 뽑히고 피멍들은 아물 수 있을 것인가?

　1999년 10월 5일 국회 행자위는 이 학살의 현장을 방문했다고 한다. 이 당연한 방문은 진상규명과 배상을 향한 첫걸음이었어야 했다. 그러나 이 역사적인 자리에서 도무지 용납할 수 없는 발언이 몇몇 의원들의 입에서 나오고 말았다. 한 의원은 "이거 별것 아니잖아, 우리 고향 오산에서는 2천 명이 미군에 죽었어"라고 말하고, 다른 한 의원은 주민대책위원장이 "절대 오인사격이 아니다"고 하자 "에이 그럴 리 없어, 가자"며 아예 의원들을 끌고 가려 했다는 것이다. 도대체 몇 명이나 학살당했어야 '별것'이 된다는 것일까? 도대체 어떤 증거를 들이대야 '사실'을 있었던 그대로 인정할 것인가?

　도무지 용납할 수 없는 헛소리나 상말을 지껄이는 사람을 보고 우리는 "터진 입이라고 아무 소리나 다 뱉냐"고 말한다. 일부 의원들의 망발을 보며 이 말을 떠올린 사람이 비단 나만은 아닐 것이다. 이 의원들이 뱉어낸 말과 보여준 행태는 몰상식을 넘어서 무도한 경지에 이르렀다고 해야 옳을 것 같다. 반세기라는 긴 시간이 지나는 동안 사건의 진상이 전혀 밝혀지지 않았던 까닭은 무도한 정권에 의한 '사실상의 은폐'가 이루어졌기 때문일 것이다. 진상이 드러나기 시작한 이 시점에도 무도한 망발을 버젓이 저지른 그 의원들은 속으로 '아 옛날이여'를 노래부르고 있었는지도 모르겠다. 무도한 자들의, 무도한 자들에 의한, 무도한 자들을 위한 그 옛날 말이다.

　달리는 버스 안에서 뒷걸음질치는 일부 몰지각한 중생들이 있을지라도 버스는 물론 앞으로 달릴 것이다. 그러나 이들이 운전사를 협박하거나 아예 운전대를 빼앗는 불행한 사태가 발생할 수도 있으므로, 이런 짓을 저지르지 못하게끔 버스에 타고 있는 모든 승객들은 목적지에 정확히 도착할 때까지 이들을 철저히 감시해야 한다. 그리하여 이제 막 참혹한 학살의 어둠을 걷고 밝은 햇빛 속으로 나오기 시작하는 영혼들의 뼛

속 깊이 사무치고 사무쳤을 바람을 실현할 수 있도록. '하늘엔 평화, 그리고 땅에도 오직 평화'라는 그 바람.

노근리학살사건의 현장조사에서 몇몇 의원들이 잘 보여주었듯이, '역사 바로세우기'는 정치개혁과 뗄 수 없이 연결되어 있다. 이러한 학살사건 자체가 오랫동안 공식적으로 부정되었던 것은 정치인이라는 자들이 이러한 학살사건을 무조건 묻어두고자 했기 때문이다. 왜 그랬을까? 미군은 해방자이자 보호자라는 신화를 깨지 않으려 했기 때문이다. 왜 그랬을까? 그들은 이 신화에 의지해서 권력을 잡았기 때문이다. 이렇게 해서 피해자들은 다시 한번 피해자가 되어야 했다.

정치개혁은 그 자체가 목적이기보다 사회개혁을 위한 수단이라고 할 수 있다. 여기에는 물론 '역사 바로세우기'와 그를 통한 역사적 피해자의 해원이라는 과제가 포함된다. 정치개혁을 이루지 못한다면, 이런 사회개혁을 제대로 이룰 수 없다. 정치개혁은 정치인의 손에만 맡겨두기에는 너무나 중대한 과제이다. 그것은 사회개혁을 바라는 시민들이 나서서 이루어야 하는 역사적 과제이다.

영국의 BBC방송은 2001년 한 해 동안 노근리학살사건을 취재하여서 〈다 죽여버려〉(Kill'em All)라는 기록물을 만들어 2002년 2월 1일에 방영했다. 이 기록물은 1950년 한국전쟁 초기에 충북 영동군 노근리를 비롯한 여러 지역에서 미군지휘부가 여성과 어린이 등 민간인들에 대한 무차별적인 살상명령을 내렸다는 사실을 담고 있다.

BBC는 미군지휘관들이 "모든 피란민에게 발사하라"(Shoot all refugees), "피란민들은 대포를 포함한 화기를 이용하면 흩어질 것이다" "모든 피란민들은 사냥감"이라는 등 민간인에 대한 발포명령을 내린 사실이 생생히 기록된 미군문서들을 찾아냈다.

한국전쟁중 민간인 학살사건에는 미군이 깊숙이 개입되어 있음이 드러났다. '미군양민학살경남대책위' 소속 주민들이 미국의
사과와 피해보상을 요구하며 상경투쟁을 벌이고 있다(2000. 2. 23)

BBC는 노근리사건을 포함해서 한국전쟁 초기에 미군이 저지른 민간인학살은 명백히 '전쟁범죄'라고 규정했다. "민간인을 계획적으로 공격목표로 삼는 것은 명백한 전쟁법 위반"인데, "미 국방부는 범죄가 성립하는 것을 증명하는 자료들을 (조사에서) 제외시켰다"는 것이다.

2002년 2월 5일, '한국전쟁 전후 민간인 피학살자 전국유족회'는 기자회견을 열어 한국전쟁 당시 미공군이 경북 예천군 보문면 산성리에 폭격을 가해 많은 민간인들을 숨지게 한 사실이 기록된 미군문서를 공개했다. 전국유족회가 미 국립문서보존소에서 입수한 이 문서에는, 1951년 1월 19일 미공군의 폭격으로 산성리 주민 34명이 숨지고 72명이 중경상을 입었으며 가옥 69채가 불에 타거나 파괴되는 피해가 발생했다는 내용이 담겨 있다. 이것은 미군의 '오폭'으로 말미암은 민간인피해와 관련하여 구체적인 지명을 언급한 최초의 문서라는 의미를 지닌다고 한다. 그러나 피해자들이 어렵게 찾아낸 이런 증거에도 불구하고 이 문제에 대한 정부의 대응은 여전히 미온적인 수준에 머무르고 있다.

노근리학살사건이 세계적인 뉴스로 떠오르게 되자 한국정부는 비로소 한국전쟁 당시 양민학살사건을 진지하게 다루기 시작했다. 1999년 10월부터 2000년 1월까지 국방부는 민간인 피해사례를 접수했다. 미군 관련 40건과 한국군관련 2건의 42건이 접수되었는데, 미군관련 사건 가운데 38건에서 인명피해가 신고되었다.

이중에서 100명 이상의 대규모 인명피해가 있었던 곳만 충북 단양군 영춘면(51년 1월 20일 미군기 폭격으로 300여 명 사망), 경남 사천시 곤명면(50년 7월 29, 31일 이틀 동안 미군기 사격으로 250여 명 사망), 전남 여수시 남면(50년 8월 2~3일 미군기 사격으로 150여 명 사망), 경북 포항시 송골(50년 음력 7월 19일 미군함 포격으로 100여 명 사망) 등 4곳이다.

그러나 국방부는 일부 공론화된 사례를 제외하고는 사건의 노출을 꺼려 적극적인 조사활동을 기피했던 것으로 드러났다. 1999년 7월에 국방부장관은 "차후 쟁점화할 가능성이 있는 사건은 손도 대지 말 것" "군의 최대 양보선은 양비론" 등의 지시를 내렸던 것이다. 군의 신뢰성에 다시금 의혹을 품게 하는 지시였다고 하지 않을 수 없다.

"군의 최대 양보선은 양비론"이라는 지시에서는 환멸감마저 느끼게 된다. 마구잡이로 죽인 놈들과 억울하게 죽어간 분들이 어떻게 다 잘못했다는 것인가? 잘못은 오직 마구잡이로 죽인 놈들만이 저지른 것이다. 이런 양비론은 억울하게 죽어간 분들을 다시 한번 죽이는 무도한 주장이라고 해야 하지 않을까?

서울 한복판에 자리잡은 용산미군기지 전경(사진| 홍성태)

용산미군기지의 문제와 희망

용산미군기지

미군은 자국 내에 대단히 많은 군사공간을 가지고 있을 뿐만 아니라, 전세계 88개국에서 수많은 군사공간을 확보·운용하고 있다. 미국의 주요한 군사적 동맹국 중의 하나인 한국에서 미군은 2002년 8월 현재 7400여만 평의 땅에 93개의 기지를 운영하고 있다. 1997년의 국방부 국정감사자료에 따르면, 미군이 사용하고 있는 공여지는 총 8025만 평이고, 공시지가를 기준으로 한 자산가치는 12조 6300억 원에 이른다. 그 규모는 여의도광장의 600배, 인천시의 약 1.5배에 이를 정도로 엄청나다. 이러한 공여지를 미군은 모두 무상으로 사용하고 있다(주한미군범죄근절운동본부 엮음,『끝나지 않은 아픔의 역사』, 개마서원 1999, 158, 165쪽).

모든 기지마다 오래 전부터 많은 문제들을 낳고 있지만, 그중에서도 용산미군기지의 의미는 각별한 데가 있다. 그것은 한국의 수도 한복판에 자리잡고 있는 대규모 외국군기지이기 때문이다. 미군은 용산미군기지를 '용산주둔지'(Garrison)라고 부른다. 이 방대한 규모의 주둔지는 메인 포스트(Main Post), 사우스 포스트(South Post), 캠프 코이너(Camp Coiner), 캠프 킴(Camp Kim)의 네 부분으로 크게 나뉜다(같은 책, 174~75쪽).

메인 포스트에는 한미연합사령부를 비롯해서 주요 사령부가 위치해 있으며, 한미연합사령부 건물은 1978년에 한미연합사가 창설되면서 건축되어 현재는 유엔사령부와 함께 쓰고 있다. 한미연합사령부 지하에는 극비지휘소인 '서울'이 있다. 그리고 한미연합사령부 건물의 맞은편에는 주한미군 및 미8군 사령부가 사용하는 오래된 2층건물이 있다.

사우스 포스트는 메인 포스트의 맞은편에, 한국국방부를 감싸는 형태로 위치해 있다. 이곳에는 주택·병원·클럽·스포츠센터 등 미군장병들을 위한 각종 오락 및 편의 시설을 비롯하여 아동센터·초등학교·대학교 등 교육시설, 파파이스·버거킹·배스킨라빈스 등의 편의시설이 잘 갖추어져 있다.

용산미군기지 주변에도 여러 가지 시설들이 있는데, 이중에서 가장 중요한 것은 전시에 한미연합사가 옮겨갈 지하기지인 탱고(TANGO)이다. 이 기지는 전시에 한미연합사령관을 비롯한 한미 양국군 지휘관들이 첩보위성 및 정찰기, 오산기지 및 미 본토로부터 각종 정보를 신속하게 받아 한미 양국군을 지휘통제하는 두뇌에 해당된다. 미국의 최첨단 지휘·통제·통신·정보(C3I) 시스템을 갖추고 있으며, 핵공격을 받아도 견딜 수 있는 화강암 속에 자리잡고 있다. 또한 이 기지는 화학 및 생물학 무기에도 대응할 수 있다. 한미 양국군 지휘관들은 평상시와 전쟁발발 직전에는 '서울'에서 지휘를 하다가 전쟁이 본격화되면 '탱고'로 옮겨가도록 되어 있다.

'용산주둔지'의 규모는 105만 평으로 용산구 전체 면적의 16%를 차지한다. 이 정도면 얼마나 큰 땅일까? "남산공원의 1.2배, 서울대공원의 3배, 어린이공원의 6배, 서울의 고궁을 다 합친 것이나 여의도보다 더 넓고, 샌프란시스코의 골든게이트 공원보다 조금 작지만 뉴욕의 센트럴파크에 버금가고, 영국의 하이드파크의 2.4배"나 되는 크기이다(강홍빈, 「용산미군부대: 불행한 역사가 남긴 금단의 땅」, 『주간동아』 109호, 1997. 11. 21). 선진국은 그 나라를 대표하는 도시자연공원으로 사용하고 있는 도시 한복판의 너른 땅을 우리는 미군의 대규모 주둔지로 내주고 있는 것이다.

한강로에서 보자면, 용산주둔지는 지하철4호선 숙대입구역에서 삼각지역을 지나 신용산역까지 이른다. 다시 국철구간으로 보자면, 이촌역에서 서빙고역까지 이른다. 이 방대한 공간에 미군은 군사시설, 행정시설, 상업시설, 민간업무시설, 문화시설, 종교시설, 스포츠시설, 교통관련시설, 숙박시설, 언론시설, 교육시설, 의료시설, 주거시설 등 다양한 시설들을 갖추어놓았다. 사람들이 이곳을 '용산합중국'이니 '서울 안의 미국'이라고 부르는 까닭은, 단지 이곳이 국내법의 적용을 받지 않는 곳이어서가 아니라, 도로와 철도 등의 하부시설을 비롯해 이렇듯 다양한 시설들을 갖추고 있기 때문이다.

불의의 공간

우리가 용산주둔지를 문제로 삼는 이유는 단순히 그 규모가 방대하기 때문이 아니다. 물론 수도 한복판에 외국군의 거대한 '주둔지'가 자리잡고 있다는 것은 큰 문제가 아닐 수 없다. 그러나 그 문제는 근본적으로 주한미군이 이 땅에서 주둔하고 있는 불의의 방식에서 비롯되는 것이다. 주한미군 자체가 불의의 존재는 아닐지라도, 그들이 이 땅에 주둔하고 있는 방식은 불의하기 짝이 없다. 이 점에서 전국의 모든 미군기지는 '군사공간'일 뿐만 아니라 '불의의 공간'이기도 하다. 그리고 용산미군기지는 수도 한복판에 자리잡고 있다는 점에서 이러한 불의의 공간으로서 전국의 미군기지를 대표한다는 의미를 지닌다.

어떤 면에서 우리는 첫 단추부터 잘못 끼웠다고 할 수 있다. 그것은 한국전쟁이라는 화급한 상황에서 작전지휘권을 미군에게 넘겨버린 것으로 시작되었다. 이 잘못은 1954년에 발효된 '한미상호방위조약'과 이에 근거한 '한미주둔군지위협정'(SOFA)으로 확대된다. 주한미군은 불행을 불의로 바꾸어버린 이 조약과 협정에 의거하여 주둔하고 있다. 조약 제4조는 "상호적 합의에 의해 미합중국의 육군과 해군, 공군을 대한민국 영토 내와 그 부근에 배치하는 권리를 대한민국은 이를 허여하고 미합중국은 이를 수락한다"고 규정했으며, 다시 제6조에는 "본조약은 무기한으로 유효하다. 어느 당사국이든지 타당사국에 통고한 뒤 1년 뒤에 본조약을 종지시킬 수 있다"고 규정되어 있다.

이에 따라 협정은 미일협정이나 미·필리핀협정과 달리 미군기지 시설과 구역의 공여대상을 명시하고 있지 않으며, 형식도 기한을 정한 임대의 형식이 아니라 무기한 무상공여의 형식을 취하고 있다. 따라서 한미 양국이 주권국 간의 호혜평등한 관계를 이루려면 협정뿐 아니라 조약 자체를 재검토해야 마땅하다(이장희, 「평화통일을 위한 한미군사관계의 국제법적 조명」, 『끝나지 않은 아픔의 역사』).

그러나 조약은 물론이거니와 협정의 개정도 아직까지는 요원한 일로 보인다. 이런 상황에서 용산주둔지의 문제점은 갈수록 도드라지고 있다. 특히 2000년 봄에 전개된 용산구청과 미8군의 싸움은 그 문제점을 여실히 드러낸 중요한 사례이다. 이 싸움의 안건은 크게 세 가지였다.

첫째, 용산주둔지에 국내 건축법을 적용할 수 있느냐의 문제이다. 한미주둔군지위협정에 따르더라도 미군은 국내 건축법을 따라야 하는데, 미군은 이것을 무시한 채 용산주둔지 내에 호텔을 새로 지었다.

둘째, 주한미군 소속차량의 불법 주·정차 단속 및 과태료 징수 문제이다. 용산구 교통지도과 통계에 따르면, 1994~99년에 주한미군 소속차량에 부과한 과태료는 3억 8588만 원에 이르지만 징수액은 1558만 원으로 납부율은 고작 4%였다. 한미주둔군지위협정에 이와 관련된 조항이 없어서 과태료를 강제할 수 없었기 때문이다. 심지어 본국으로 돌아갈 때 주·정차 위반딱지를 '한국방문 기념품'으로 갖고 가는 미군도 적지 않다고 한다.

셋째, 관내 이태원에 있는 아리랑택시의 차고지 반환 문제이다. 용산구에 따르면, 미군은 군사용으로 제공받은 이 땅을 국내 한 택시회사에

용산미군기지 때문에 북단이 뚝 잘려나간 동작대교의 기괴한 모습(사진| 홍성태)

대여해 '부당수입'을 올리고 있다. 용산구는 이 땅을 반환받아 이곳을 관광특구로 개발하려고 하지만, 미군측은 부당한 요구조건을 제시하며 사실상 협상을 거부하고 있다(조성식, 「불법 호텔건축 미군'에 'NO'하는 성장현 용산구청장」, 『신동아』 2000년 5월호).

역설의 공간

용산주둔지는 '망각의 공간'이다. 그러나 그것은 우리 스스로 잊어버린 공간이 아니라, 잊어버리도록 강요당한 공간이다. 이 땅의 다른 미군기지들과 마찬가지로, 용산주둔지는 전쟁이라는 화급한 상황을 배경으로 미군에게 우리가 내준 땅이다. 비록 강제로 빼앗긴 것은 아닐지라도 잃어버린 땅이라는 것은 틀림없다. 그리고 조약과 협정이 존속되는 한, 우리가 이 땅을 되찾는 것은 대단히 어려운 과제가 될 것이다. 그러므로 차라리 잊고 사는 편이 나은 땅인지도 모른다.

그러나 우리는 용산주둔지를 망각의 공간으로 내버려둘 수 없다. 미군은 우리에게 이 땅을 망각의 공간으로 받아들일 것을 요구하지만, 불의의 공간으로서 용산주둔지는 우리의 삶에 너무나 많은 악영향을 미치고 있다. 이 땅을 망각의 공간으로 내버려둔다는 것은 바로 이러한 '불의'를 참고 살아간다는 것을 뜻한다. 북단이 뚝 잘려나간 동작대교나 신용산으로 휘돌아 동작대교를 건너는 지하철4호선이 그 좋은 예이다. 이러한 불의는 2000년 2월에 발생하고 7월에야 그 전모가 밝혀진 포름알데히드 불법방류 사건에서 절정을 이루었다.

현재의 조약과 협정이 유지되는 한, 이 땅의 모든 미군기지들은 불의의 공간이며 망각의 공간이다. 우리가 주목할 것은, 이 기지들 중에서 어떤 것들은 영원한 '죽음의 공간'이 되겠지만, 어떤 것들은 재생의 가능성을 안고 있다는 사실이다. 도시에 자리잡고 있는 기지들은 대체로 그렇다고 할 수 있을 것이다. 예컨대 매향리의 미공군사격장은 이미도 영원히 복구될 수 없는 죽음의 공간으로 남겠지만, 전국의 도시들에 굳게 자리잡고 있는 기지들은 지난 수십 년간의 난개발로 엉망이 되어버린 도시구조를 되살리는 재생의 공간이 될 수 있다.

이러한 재생의 가능성을 안고 있다는 점에서 도시의 미군기지들은 '역설의 공간'이 된다. 이와 관련하여 용산주둔지가 차지하는 의의는 대단히 크다. 이곳을 재생의 공간으로 바꾸는 것은 전국의 미군기지들, 특히 도시의 미군기지들을 '공간정의'의 견지에서 활용하는 모범적 사례가 될 것이다. 잘 알다시피 서울의 산들을 빼고, 용산주둔지는 서울에서 녹음이 가장 우거진 곳이다. 무려 105만 평에 이르는 이 땅에는 비록 많은 시설이 들어서 있기는 하지만, 이 모든 시설은 다른 곳에서 볼 수 없는 큰 나무들과 풀밭 사이에 자리잡고 있다. 용산미군기지는 그 자체가 거대한 사막이라고 할 수 있는 서울의 오아시스이다.

30년간의 개발독재는 사실상 '파괴독재'이기도 했다. 역사와 문화와 자연이 개발이라는 이름으로 모두 거침없이 파괴되었다. 이런 파괴를 통해 서울은 그 자체가 거대한 사막이 되어버렸다. 자연의 사막은 황량해 보이나, 생태적으로 풍요로운 지역이다. 그러나 역사와 문화와 자연이 모두 파괴되어 버린 인공의 사막은 휘황찬란해 보이지만, 시멘트와 자동차와 쓰레기로 뒤덮인 생태적 불모지이다. 서울은 이런 인공의 사막이다. 그러므로 푸른 녹음을 자랑하는 용산주둔지는 이런 서울의 오아시스라고 하지 않을 수 없다. 남산에 올라 이 땅을 내려보노라면, 그 녹음에 자못 감동을 느낄 정도이다. 불의와 망각의 대가로 이런 녹음이 유지되고 있다는 것은 참으로 역설적이다.

용산주둔지의 변화방향

'군사공간의 생태적 재생'이란 오염되고 파괴된 군사공간을 단순히 생태적으로 복원하는 것만을 뜻하지 않는다. 그것은 생태위기에 적극적으로 대처할 수 있도록 군사공간을 생태적으로 활용하는 것을 포함한다. 필리핀의 수빅만에 있던 미해군 클라크기지의 예에서 알 수 있듯이 군사공간은, 특히 미군의 해외기지는 생태적으로 극심한 오염과 파괴 상태를 보여주고 있다. 많은 시간과 돈을 들여 복원의 노력을 기울이지 않는 한, 이런 공간은 말 그대로 거의 영구적으로 죽음의 공간이 될 수밖에 없다. 그러나 그렇게 시간과 돈을 들여 복원에 성공한다고 해도, 무분별한 개발은 그 공간을 다시금 죽음의 공간으로 만들어버리고 말 것이다. 제도적 접근만큼이나, 아니 그보다 더 문화적 접근이 중요한 것은 이 때문이다. 그리고 이것은 문화생태공간을 목표로 삼는 문화생태정치로 추구될 수 있다.

용산주둔지가 불의의 공간이라는 사실은 너무나 명백하다. 이제는 서울의 한복판이 되어버린 드넓은 땅에 외국군 대부대가 주둔하고 있다는 것조차 비상식적인 일이거니와, 더욱이 그런 주둔이 세계적으로 유례가 없는 불평등한 조약과 협정에 의거하여 이루어졌기 때문이다. 1989년에 미군이 용산주둔지의 이전에 대해서 동의한 것도 이 때문이다. 그러나 그 뒤의 경과를 보면 당시 미군의 동의는 정치적 상황에 따른 '거짓'이었을지도 모른다. 예컨대 미군은 1991년에 이전비용 예상액으로 17억 달러를 제시했으나, 1992년에는 무려 95억 달러로 제시하여 협상을 사실상 거부했다(주한미군범죄근절운동본부 엮음, 앞의 책, 273쪽).

이밖에도 미군은 여러 가지 불합리한 조건들을 제시했으나, 가장 본질적인 문제는 반환이 아니라 '이전'을 주장했다는 데 있다. 정부는 평택의 기존 미군기지로 옮기기로 하고 이전을 추진했으나, 이에 맞서 평택주민들은 대대적인 이전반대운동을 전개해 나갔다. 기존의 미군기시만 해도 여러 가지 문제를 낳고 있는 판에 새롭게 거대 기지가 이전해 온다는 데 대해 반대하지 않을 사람들이 어디 있겠는가? 그러므로 용산주둔지의 이전은 그 생태적 재생의 출발점이 될 수 없다. 그 출발점은 분명히 '반환'이 되어야 한다.

이와 관련하여 현실적으로 가장 어려운 점은 용산주둔지에 주한미군 사령부가 있다는 것이다. 주한미군이 완전히 철수하지 않는 한, 사령부는 어디론가 가야 할 것이다. 따라서 다른 지역에 피해를 주지 않고 사령부를 옮기기 위해서는 주한미군의 주둔방식 자체를 재조정해야만 한다. 이 좁은 나라에서 '용산합중국'과 같은 형태의 주둔은 아무래도 불의의 것이 아닐 수 없다. 기존의 기지를 확장하여 사령부를 이전하는 방식은 잘못된 것이다. 그리고 전체 미군기지를 명확한 임대계약에 의거하여 사용하도록 해야 한다. 나아가 미군기지로 인한 각종 피해에 대해 미군은 엄정히 보상하도록 해야 한다. 이런 전제 위에서만 '즉각철수론'이 아니라 '재조정론'이 힘을 얻을 수 있을 것이다.

반환이 용산주둔지의 생태적 재생의 출발점이라는 점에 대해 동의하지 않는 사람은 아마도 찾아보기 어려울 것이다. 그러나 반환 이후의 활용방안에 대해서는 이견들이 있는 것으로 보인다. 여기서 우리가 무엇보다 주목해야 할 것은 역설의 공간으로서 용산주둔지의 생태적 가치이다. 용산주둔지는 북한산에서 남산을 지나 한강으로 이어지는 녹지축에 자리잡고 있다. 이 녹지축을 관악산으로 연결할 때, 그것은 전체 서울의 남북 녹지생태축을 연결하는 중심부가 된다. 이 땅을 가장 정의롭게 사용하는 길은 그 생태적 가치를 최대한 살리는 것이다. 그 까닭은 이것이 서울의 도심부를 생태적으로 되살리는 유력한 길이며, 따라서 전체 시민의 '삶의 질'을 생태적으로 개선할 수 있는 유일한 길이기 때문이다.

1988년에 이전협상이 시작되면서 서울시는 용산주둔지를 '민족공원'으로 다시 태어나게 할 계획을 세웠다. 이 계획은 용산주둔지를 "뉴욕의 센트럴파크와 맞먹는 세계 수준의 공원으로 만들자"는 것(같은 책, 272쪽)으로서 다른 경제적·정치적 목적의 개발에 비해 월등히 진보적인 것이라고 할 수 있다. 그러나 17개의 소주제 공원으로 꾸미는 식의 발상은 '생태적 재생'이라는 관점에서 보았을 때 역시 문제가 아닐 수 없다. 이에 비해 용산주둔지를 "고리삼아 한강과 남산을 잇고 나아가 관악산과 북악을 공원축으로 연결한다는 꿈"(강홍빈, 앞의 글)은 훨씬 주목할 만하다. 이 구상의 요체는 용산주둔지를 이용하여 서울의 남북 녹지생태축의 재생을 도모하는 것이다. 이 점에서 이 구상은 생태적 재생의 원칙에 충실한 것이라고 할 수 있다.

문화생태공간 구상

2000년 4월에 '문화개혁을 위한 시민연대'(문화연대)는 사실상 이와 동일한, 그러나 좀더 구체적으로 발전시킨 구상을 제시했다. 뒤이어 문화연대는 '문화생태공간'이라는 개념을 중심으로 이 구상을 실현하기 위한 사회운동을 펼치기 시작했다. 이 개념은 우선 종래의 공원 개념에서 벗어날 것을 요청한다. 공원이 품고 있는 인위적이고 제도적인 함의는 생태적 재생의 원칙과 정확하게 부합하는 것이 아니기 때문이다. 요컨대 공원이 인위적인 것으로 채우는 것이라면, 공간은 인위적인 것을 비우는 것을 함축한다. '인위적인 것을 비우는 것', 이것이야말로 자연을 살리는 것이며, 따라서 생태적 재생의 원칙과 정확하게 부합하는 것이다.

이러한 문화생태공간 구상에 대해서는 여러 가지 반론이 제기될 수 있다. 우선 용산주둔지의 반환 자체가 논란의 대상이 될 수 있다. 반환뿐만 아니라 이전도 거부하고 오직 현상유지가 최상책이라고 여기는 사람들도 있을 것이기 때문이다. 예컨대 한 당사자임에 틀림없는 미군은 원칙적으로 이러한 입장을 취하고 있는 것으로 보인다. 미군으로서는 용산주둔지의 반환이 전체 주한미군기지들의 반환과 밀접한 관계를 맺고 있고 또 주한미군기지들이 거대한 '경제적 수익시설'이기도 하기 때문에, 최대한 이러한 입장을 고수하려고 할 것이다.

1995년 초에 미8군 관계자들이 밝힌 것에 따르면, 주한미군은 1994년에 기지 내에 설치한 클럽, 양식당, 슬롯머신 6천여 대, 7개 골프장 등의 위락시설들을 이용하여 무려 2900억 원의 매출을 올렸다. 그 이용객 중 한국인의 비율은 놀랍게도 80% 정도를 차지한다. 또한 미군, 미군속, 그들의 부인들이 한국인을 대상으로 하는 불법 영어교습도 광범위하게 행해지고 있다. 그 수입이 대단히 좋기 때문에 한국 연장근무를 신청하는 미군도 많다고 한다(주한미군범죄근절운동본부 엮음, 앞의 책, 123~28쪽). 주한미군기지는 미국에게 여러 이득을 제공하는 복합적 구실을 하는 것이다.

용산주둔지를 둘러싸고 시민단체들 사이의 논란은 반환이 아니라 활용에 관한 것으로 넘어간다. 그 요점은 105만 평이나 되는 드넓은 땅을 전부 문화생태공간으로 만드는 것은 실현될 수도 없고 바람직하지도 않다는 것이다. 이 반론에 대해 적절한 답변을 제시하기란 사실 대단히 어렵다. 서울의 한복판에서 이만한 공공용지를 다시 찾아낼 수는 없을 것이기 때문이다. 그러나 바로 이 때문에 우리는 무엇보다 이 땅의 생태적 가치에 주목할 필요가 있다. 이 땅이 각종 건물들로 뒤덮인다면, 북한산에서 남산을 거쳐 한강으로 이어지는 생태축을 회복하여 서울의 생태적 재생을 도모할 기회는 완전히 사라지고 말 것이기 때문이다.

문화생태공간 구상의 물리적인 목표는 용산주둔지 105만 평 전체를 '자연숲'으로 조성하는 것이다. 이러한 식목사업은 물론 쉽지 않을 것이다. 그러나 이 사업에서 더 중요한 것은 적어도 50년 이상의 시간을 두고 전개되어야 한다는 점이다. 이 점에서 이 사업의 의의는 단지 자연숲을 만든다는 데 그치지 않는다. 그것은 우리의 삶의 지평을 멀리 후손에게까지 확장할 것을 요구한다. 여기서 잘 알 수 있듯이, 문화생태공간 구상은 공간을 바꾸는 것일 뿐만 아니라 시간을 바꾸는 것이기도 하다. 문화생태공간 구상이 추구하는 자연숲은 자연공간일 뿐 아니라 '느린 공간'이다. 그것은 갈수록 '시간기근'과 '속도경쟁'으로 내몰리는 사람들에게 귀중한 휴식처가 되고, 나아가 이러한 현대적 삶의 비인간적 면모를 되돌아 볼 수 있는 기회를 제공해 줄 것이다.

문화생태공간 구상이 시·공간의 변화를 도모하는 기획인 만큼, 당연히 그것은 그 자체로 첨예한 정치적 사안이 된다. 이에 대해 '생태적 재생을 위한 문화정치'로서 문화생태정치라는 관점에서 접근할 필요가 있다. 시·공간관의 변화를 핵심적인 과제로 추구하는 이 새로운 문화정치의 출발점은 문화와 생태를 통합적으로 이해하는 것이다. 이제까지의 지배적인 문화 속에서 문화와 생태는 흔히 대립적인 것으로 간주되었다. 그러나 실제로 대립하는 것은 문화와 생태가 아니라 개발주의적 문화관과 생태주의적 문화관이다. 전자가 전통적인 문화관이라면, 후자는 생태위기시대의 새로운 문화관이다. 문화와 생태를 대립하는 것으로 보아서는 안 된다. 문화를 반생태적이거나 비생태적인 것으로 여기는 개발주의 문화관이야말로 잘못된 것이다.

생태와 문화의 통합적 이해가 문화생태정치의 출발점이라면, 그 구체적인 전개를 위해서는 무엇보다 먼저 주체가 명확하게 서야 한다. 이에 대한 일반적인 원칙은 시민이 제안하고 참여하고 주도하는 것으로 요약될 수 있다. 요컨대 용산주둔지의 생태적 재생은, 700년 전의 몽고 점령시대 때부터 지속되어 온 군사적 강점의 역사를 끝내는 것일 뿐만 아니라, 이 땅의 이용과정에서 줄곧 배제되어 온 시민을 주체로 세우는 것이기도 하다. 이 점에서 용산주둔지의 생태적 재생은 근대적 시민주권의 확립이라는 견지에서 식민과 독재로 점철된 이 사회의 역사를 바로잡기 위한 과제와 직접적으로 연결된다.

주한미군의 비상식적 행위

　오랜만에 이촌역에서 전철을 갈아타게 되었다. 차를 기다리면서 남산 쪽을 바라보았다. 그곳에서는 용산미군기지를 잘 볼 수 있다. 남산의 남쪽자락에서 한강에 이르는 넓은 들판이 모조리 용산미군기지이다. 머지 않은 장래에 그곳은 서울을 지키는 '생명의 숲'으로 다시 태어나야 할 곳이다. 그러나 지금 그곳은 우리가 미국의 군사적 식민상태에 있다는 것을 상징적으로 보여주는 곳이다.

　지금 그곳에서 한창 마무리되고 있는 커다란 건물도 이런 문제를 잘 보여준다. 그 건물은 미8군의 새로운 호텔이다. 그런데 놀랍게도 불법건축물이다. 불평등하기 짝이 없는 한미주둔군지위협정(SOFA)에 따르더라도 주한미군은 우리의 건축법을 따라야 한다. 그런데 용감무쌍한 미8군은 우리의 법 따위는 싹 무시하고 제멋대로 커다란 호텔을 짓고 있는 것이다. 미8군도 잘못이라는 것은 알고 있었다. 그래서 2000년 초에 도둑질하듯이 몰래 공사를 시작했다. 그러나 불법공사를 하고 있다는 사실이 드러나자 태도를 싹 바꿔서 특유의 '배째라' 초식을 펼쳤다.

　지난 연말부터 서울을 비롯한 전국의 곳곳에서 벌어지고 있는 촛불시위의 요구사항은 한마디로 "상식을 지켜라"라는 것이다. 잘못된 법은 바로잡고, 제정된 법은 제대로 지키며, 법을 어긴 자는 법대로 처벌받아야 한다. 이것이 상식이다. 이 땅에서 주한미군은 초법적 특권을 누리고 있으며, 많은 불법행위를 저지르고도 처벌받지 않고 있다. 이것은 분명히 비상식이다.

　불평등한 소파의 전면개정은 주한미군이 상식적 상태로 바로 서기 위한 출발점이다. 그런데 왜 미국정부는 비상식적인 현상태를 고집하는

걸까? 상식적 상태로 바로 서면 전력이 약화될까 봐? 정말로 미국정부
는 지금의 소파가 전혀 불평등하지 않다고 믿고 있는 걸까? 정말로 미국
정부는 그렇게 비상식적인가? 아마도 그렇지 않을 것이다. 미국정부가
소파의 유지를 우기는 까닭은 비상식적인 현상태로부터 챙길 수 있는
막대한 이득 때문이다.

비상식적인 현상태에서 이득을 보는 것은 미국만이 아니다. 촛불시위
가 수그러들지 않고 계속 이어지자 미국을 주인님이 아니면 큰형님으로
모시는 낡은 세력도 목소리를 높이기 시작했다. 이들의 주장은 좋게 말
해서 '합리적 친미주의'라고 할 수 있다. 그 내용인즉슨, 살인미군 무죄판
결에 대한 비판은 미국법을 모르고 하는 잘못된 비판이며, 이런 잘못된
비판을 계속하다가는 결국 미국의 미움을 사서 경제와 안보가 모두 어
려워지리라는 것이다. 이른바 합리적 친미주의란 이렇게 비상식적인 주
장이다.

합리적 친미주의를 자처하며 '비상식적 숭미주의'를 추구하는 낡은 세
력은 우습게도 촛불시위에서 '극단적 반미주의'의 조짐을 읽어낸다. 추위
에 떨며 촛불을 들고 거리에 나선 어린 여학생들이 극단적 반미주의자
인가? 미대사관을 에워싸는 인간띠잇기를 시도한 시민들이 극단적 반미
주의자인가? 낡은 세력이 '극단적 반미주의'를 떠들어대는 까닭은 경제
성장과 민주화라는 구조적 변화를 바탕으로 나타난 새로운 '시민적 반미
주의'에 낡은 이념의 옷을 입히고 싶어서이다. 참으로 시대의 변화를 읽
지 못하는 낡은 담론적 술책이 아닐 수 없다.

곧 완공될 용산미군기지의 불법건축물은 주한미군에게는 호텔이겠지
만, 우리에게는 비상식적 한미관계의 상징물이 될 것이다. 많은 사람들
이 이 호텔을 바라보면서 전국 곳곳에서 주한미군이 거두고 있는 이익
과 우리에게 입히고 있는 피해에 대해 생각하게 될 것이다. 시간이 갈수

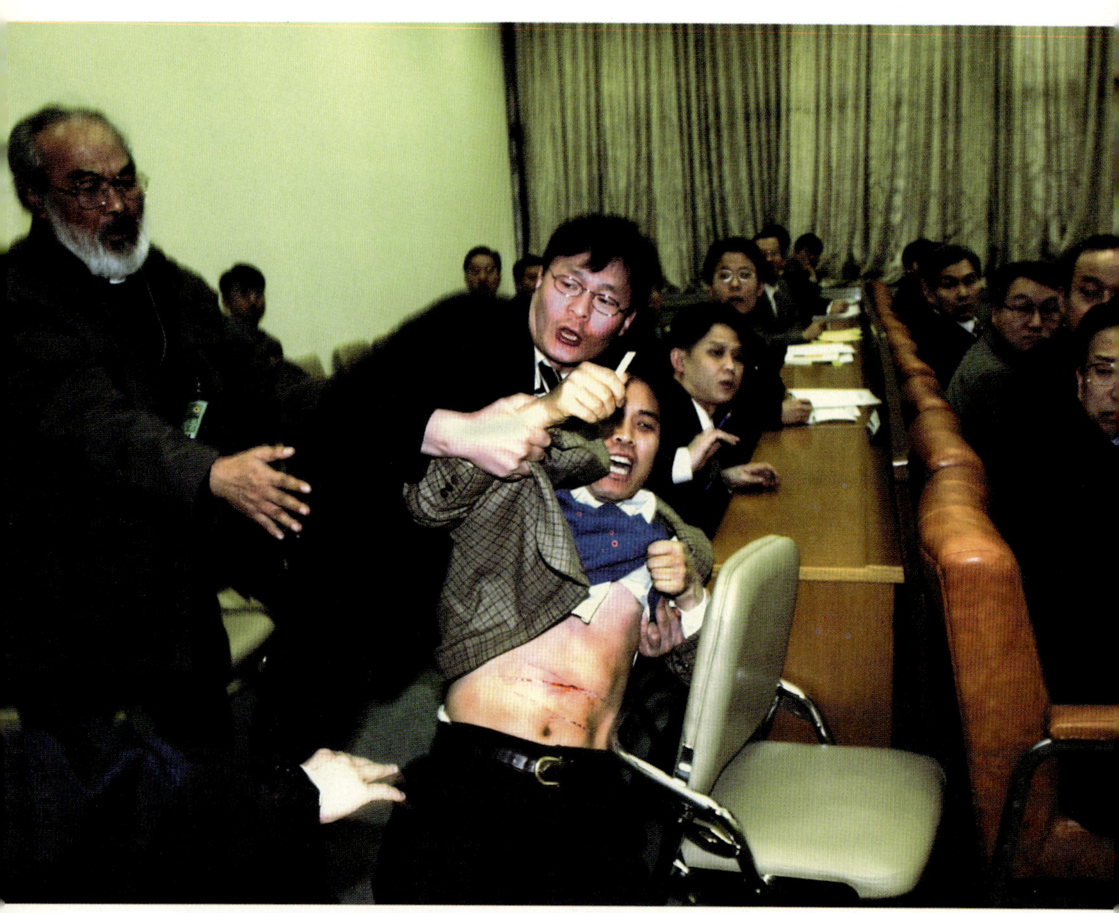

2001년에 개정된 SOFA개정안은 사실상 독소조항을 손보지 않은 껍데기 개정에 불과했다. SOFA개정안이 국회 통일외교
통상위원회에서 통과되는 순간 '불평등한 소파개정 국민행동' 김판태 사무국장이 칼로 배를 가르며 격렬하게 항의하고 있다
(2001. 2. 27)

록 "상식을 지켜라"라는 요청은 커질 것이다. 시민적 반미주의에 대한 비난이나 왜곡으로는 이런 변화의 물결을 막을 수 없을 것이다. 잘못을 바로잡는 것만이 유일한 해결책이다. 소파를 전면개정해야 한다.

위의 글은 2003년 1월 10일 『한겨레』에 발표되었다. 이 글에 이어 1월 15일에는 국방부의 반론이 실렸다. 국방부의 반론은 세 가지 내용으로 줄일 수 있다. 첫째, 내가 '미8군의 새로운 호텔'이라고 한 것은 국방부의 새로운 합참본부건물이라는 것이다. 둘째, 용산미군기지에 불법건축물은 없으며, 새로 짓고 있는 아파트도 모두 합법적으로 짓고 있다는 것이다. 셋째, 정확하지 않은 사실로 반미감정을 부추기는 것은 책임감 있는 지식인의 태도가 아니다는 것이다.

나는 이 반론에 대해 오직 첫째부분만 인정할 수 있을 뿐이다. 둘째와 셋째 부분에 대해서는 아무래도 인정하기 어렵다. '미8군의 새로운 호텔'은 이미 2000년에 완공되었다. 준공을 앞두고 있는 것은 국방부의 새로운 합참본부건물이었다. 국방부 옆에 들어서고 있는 거창한 현대식 건물이 그것이다. 이촌역에서 보면 국방부 뒤쪽 미8군 영내에 있는 것처럼 보여서 이런 오해를 한 것이다. 그런데 사실 이런 오해를 하게 된 연원은 미8군의 '불법건축물'에 있다.

2000년 봄에 당시 용산구청장이던 성장용씨는 미8군을 상대로 싸움을 시작했다. 미8군이 짓고 있는 새로운 호텔은 우리의 건축법을 어긴 불법건축물이니 철거하라는 명령을 내렸던 것이다. 소파의 규정에 따르더라도 미8군은 관할구청인 용산구청의 건축허가를 받았어야 했다. 그러나 미8군은 그렇게 하지 않았다. 성장용 구청장은 다른 일 때문에 용산미군기지에 들어갔다가 우연히 공사현장을 보게 되었고, 잘못을 바로잡기 위해 미8군과 하지 않아도 좋을 싸움을 하게 되었다. 미8군이 규정을 제대로 따랐더라면, 성장용 구청장은 이런 싸움을 할 필요가 없었을 것이다. 그런데 그 얼마 뒤의 선거에서 성장용 구청장은 지고 말았다. 그 뒤에 이 불법건축물은 어떤 협의를 통해 '합법건축물'로 둔갑을 한 모양이다.

나는 이와 관련해서 용산구청 건축과에 문의메일을 보내기도 했으나 아무런 답도 듣지 못했다. 다만 국방부에서 '합법화'되었다고 설명하더라는 말을 한겨레신문사를 통해 전해 들었을 뿐이다. 국방부는 아파트건축이 아니라 '불법호텔건축'에 대해 해명했어야 했다. 왜 내가 말한 호텔에 대해서는 한마디의 해명도 없고, 내가 전혀 말하지 않은 아파트에 대해 해명 아닌 해명을 했을까? 호텔은 필수시설이 아니고 아파트는 필수 주거시설이어서인가? 그렇게 해서 주한미군은 꼭 필요한 시설을 합법적 절차에 따라 짓는다고 말하고 싶었던 것일까?

국방부는 내 글의 문체와 나의 태도도 문제로 삼았다. 국방부에서 보기에 내 글이 아무래도 마뜩찮았던 모양이다. 나도 정확하지 않은 사실로 반미감정을 부추기는 건 좋지 않다고 생각한다. 아니, 더 나아가 잘못된 것이라고 생각한다. 그러나 내가 합참청사를 미군호텔로 오해했다는 사실 때문에, 미8군이 '불법호텔건축'을 했다는 사실이 사라지는가? 내 오해의 원천은 미8군의 '불법호텔건축'이다. 이 명백한 사실에 대해 국방부는 한마디도 하지 않은 채, 내 문체와 태도에 대해 불만의 뜻을 보였다. 나로서는 국방부의 이런 태도에 대해 불만을 갖지 않을 수 없다. 그리고 짐짓 훈계하는 듯한 그 문체에 대해서도 불만을 갖지 않을 수 없다. 국방부는 어디까지나 사실에 입각해서 내 글에 대한 반론을 제시했어야 옳았다. 이를 위해서 국방부는 '불법호텔건축'이 어떻게 되었는가에 대해 자세히 설명했어야 한다. 국방부의 반론에 가장 중요한 알맹이는 빠져 있는 것이다.

국방부의 대응을 보면서 나는 국방부에 대해, 그리고 한미관계에 대해 생생한 실상을 배웠다는 생각을 하게 되었다. 주한미군이 이 땅의 곳곳에서 매일같이 일으키는 그 수많은 문제에 대해 국방부가 이렇게 빠르고 조직적으로 대응했다는 얘기는 아직 한번도 들어본 적이 없다. 그런데 국방부에 대해 뭐라고 한 것도 아니고 미8군의 문제를 지적한 글에 대해 국방부가 마치 스프링 튕기듯이 튀어나왔던 것이다.

우리 국방부에 대해서는 "도대체 어느 나라 국방부냐"는 힐난이 쏟아지곤 한다. 차라리 미국 국방부 한국지부로 간판을 바꾸거나 아니면 주한미군옹호부로 바꾸는 편이 낫지 않겠냐는 식의 비아냥도 들린다. 내 글에 대한 국방부의 대응을 보면서 나도 당연히 이런 생각을 하지 않을 수 없었다. 내 글에 대해 정작 미8군은 가만히 있는데, 왜 국방부가 나서서 나에게 사과하라는 둥 무책임하다는 둥, 야단인가?

내게 전화를 했던 국방부의 한 사람은 미군이 소송을 걸면 어떻게 하겠느냐며 사실상 내게 '협박'을 했다. '잘못'을 빨리 사과하고 다시는 이런 잘못을 하지 말라는 것이다. 이런 전화를 받고 주한미군이 해야 할 일을 국방부가 나서서 해준다는 생각이 들었다. 설사 주한미군이 내 글을 빌미로 소송을 건다고 해도 나서서 말려야 할 곳이 국방부가 아닐까? 그러나 우리 국방부는 주한미군을 대신해서 주한미군이 일으킨 문제를 해결해 주는 '해결사' 구실을 하고 있는 것 같다.

국방부에서는 적어도 세 개의 부서가 내 글에 대해 대책을 세우느라 부산스럽게 움직였던 것 같다. 공보부서, 관재부서, 미주부서 등이 그것이다. 짐작컨대 미8군에서도 대책을 요구했거나, 아니면 함께 회의를 열었을 수도 있다. 어떤 경우이거나간에 국방부는 주한미군이 해야 할 일을 대신했다고 볼 수 있다. 주한미군이 좋은 일을 한 것도 아닌 마당에 그 뒤치다꺼리를 국방부가 한 것은 문제라고 하지 않을 수 없다. 이런 정성으로 주한미군의 문제에 매달린다면 "도대체 어느 나라 국방부냐"는 소리는 결코 듣지 않을 것이다.

내 글에 대한 반론의 말미에 국방부는 소파의 개정을 위해 국방부를 비롯한 정부부서가 열심히 일하고 있으니 그 결과를 지켜봐 달라는 주문을 했다. 뭐가 뭔지 잘 모르면서 괜히 나서지 말고 국방부를 비롯한 정부부서가 알아서 하도록 내버려두라는 얘기이다. 그러나 무기의 도입부터 주한미군의 범죄에 이르기까지 그동안 국방부는 믿고 맡기지 못하도록 해온 사례가 너무나 많지 않은가?

올바로 행동한다면 믿고 따르라고 외치지 않아도 믿고 따르게 마련이다. 국민이 잘 몰라서 국방부를 비롯한 정부부서를 믿지 않는다고 생각하는 것부터가 큰 잘못이다. 믿을 수 없도록 했던 그간의 행적을 깊이 반성하는 모습을 보여야 한다. 그리고 잘못을 바로잡기 위해 정말로 애쓰는 모습을 보여야 한다. 그렇게 한다면, 믿으라고 외치지 않아도 누구나 믿고 따를 것이다. 국방부의 모든 행적이 감시와 비판의 대상이라는 것을 국방부는 잊지 말기 바란다.

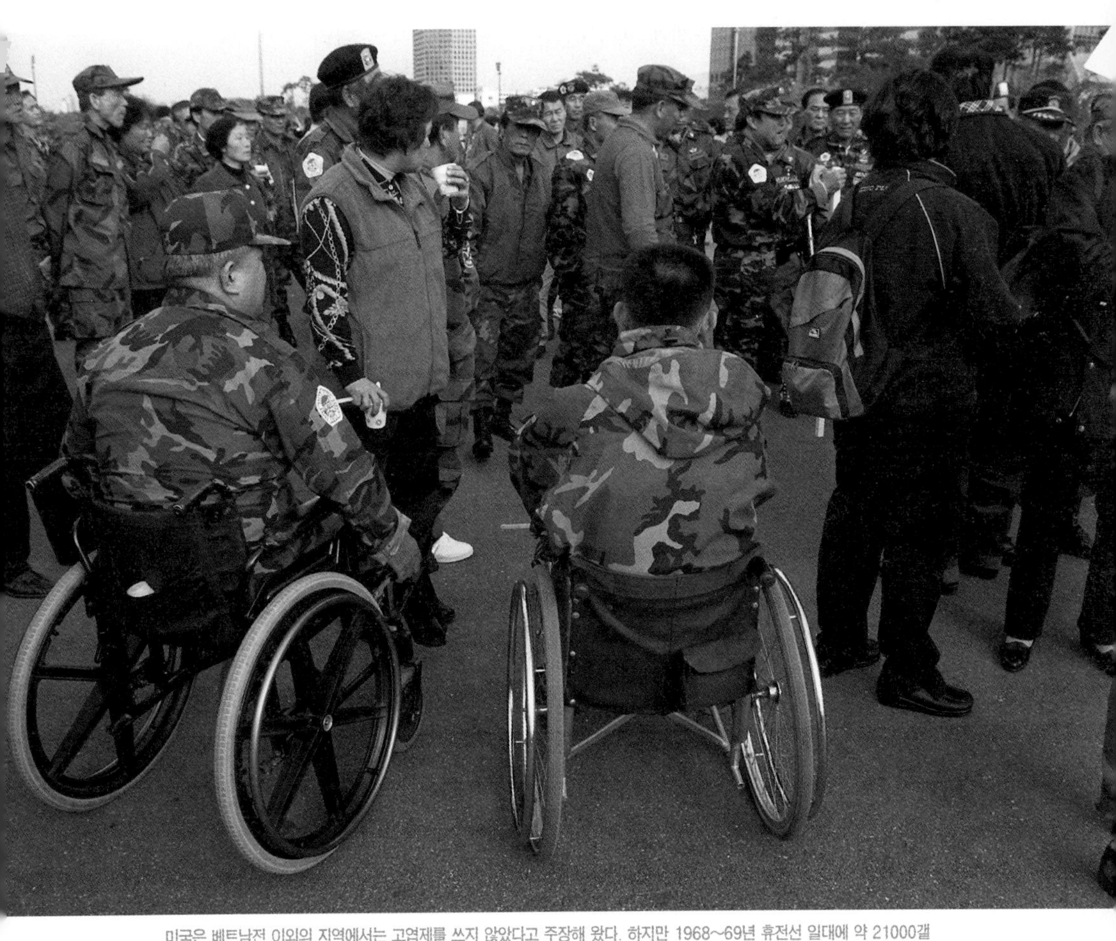

미국은 베트남전 이외의 지역에서는 고엽제를 쓰지 않았다고 주장해 왔다. 하지만 1968~69년 휴전선 일대에 약 21000갤런의 고엽제를 뿌렸다. 고엽제 피해보상을 촉구하며 거리에 나선 베트남전 파병 퇴역군인들(2001. 11. 2)

한잔하실래요, 페트로스키 칵테일?

2000년 7월 13일, 용산미군기지에서 시신 방부처리용으로 사용되는 독극물 포름알데히드 용액을 한강에 무단방류했다는 놀라운 사실이 밝혀졌다. 용산미군기지측은 이미 이 사실을 알고 있었으나, 아무런 조치를 취하지 않고 있었다는 더욱 놀라운 사실도 함께 밝혀졌다. 어떻게 이런 일이 일어날 수 있는가?

이 사실은 미군상관의 강압에 의해 포름알데히드를 무단방류할 수밖에 없었던 한국계 미국인이 녹색연합에 제보함으로써 비로소 밝혀졌다. 2월 9일, 주한미군 용산기지의 영안소 부책임자인 민간군속참모 11등급 앨버트 맥팔랜드가 제보자에게 포름알데히드 용액 15박스를 영안소 내 하수구에 버리도록 지시했다. 각 박스에는 시신 방부처리용 용액 12, 16 온스들이 병 180개가 들어 있었다고 한다.

제보자는 당연히 이 지시를 거부했다. 그러자 맥팔랜드는 그에게 "씨발, 하라는 대로 해. 너 바보 아냐?"(Do what the fuck I tell you, are you stupid?)라고 욕을 하며 그 부당한 지시를 이행하도록 강요했다. 어쩔 수 없이 이 일을 하고 제보자는 두통과 메스꺼움으로 3주간 병가를 내야 했다고 한다.

5월 15일, 도저히 이 문제를 묵과할 수 없었던 제보자는 이 사실을 미 8군 34사령부에 보고했다. 그러나 7월 10일, 34사령부는 물에 희석하면 아무런 문제가 없다고 내부적으로 발표하는 것으로 이 사건을 마무리하려고 했다. 포름알데히드가 독극물이기는 하지만, 한강물에 희석되었기 때문에 아무런 문제가 없다는 것이다.

여론이 들끓자 그제야 주한미군은 사건의 수습에 나섰다. 7월 24일,

주한미군 새뮤얼 테일러 공보실장은 미8군사령관 페트로스키 중상의 이름으로 성명서를 발표하고 공식 사과했다. 그러나 아직까지 사건에 대한 조사결과도, 책임자에 대한 처벌도 이루어지지 않고 있다. 주한미군은 그저 시간이 지나가기만 기다리고 있는 것인지도 모르겠다.

이 사건은 주한미군이 우리의 환경과 건강에 미치는 직접적인 해악에 대한 광범위한 국민적 공분을 불러일으켰다. 주한미군이 서울시내 한복판에서조차 우리의 환경과 건강을 제멋대로 유린하고 있다는 사실을 적나라하게 보여주었던 것이다. 그러므로 아무리 시간이 흐르더라도 이 사건은 잊혀지지 않을 것이라는 점을 주한미군은 잘 알아야 한다.

지난 1990년, 주한미군측은 1996년 말까지 용산미군기지를 반환하기로 합의했다. 이 합의에 따라 서울시에서는 용산미군기지를 '민족공원'으로 조성할 계획까지 마련해 두었다. 용산미군기지는 여의도보다도 넓다. 그것은 갈월동 3거리에서 한강까지, 한강대교에서 반포대교까지의 드넓은 지역을 차지하고 있다. 105만 평에 이르는 이 땅이 서울을 대표하는 공원으로 다시 태어날 수 있다면, 서울은 분명히 지금보다 훨씬 더 살 만한 곳이 될 것이다.

들자 하니 주한미군측은 기존의 권리를 한국측에 돌려주는 것을 수치로 여기기 때문에 어떤 일이 있어도 돌려주지 않으려 한다고 한다. 그러나 한미주둔군지위협정(SOFA)이 잘 보여주듯이, 주한미군의 권리란 전쟁과 독재라는 극한상황이 빚어낸 비정상성의 산물이다. 이러한 비정상성을 바로잡는 것이 수치인가, 그렇지 않고 그것을 계속 고집하는 것이 수치인가?

주한미군측의 일방적이고 불합리한 요구로 말미암아 용산미군기지의 반환은 없던 일이 되어버린 상태다. 그리고 급기야 독극물 무단방류사건까지 발생하고 말았다. 이 사건을 필자는 '페트로스키 칵테일'이란 이름으로 기억하고자 한다. 페트로스키 사령관 자신의 작품은 아니지만, 그가 책임을 져야 하는 것은 분명한 사건이기 때문이다. 그는 자신의 명예를 걸고 이 사건을 해결해야 한다. 그 실마리는 한국민의 이익이라는 관점에서 주한미군의 문제를 시인할 때 비로소 찾을 수 있을 것이다.

한강에 독극물을 쏟아붓도록 강요한 맥팔랜드는 2001년 3월 서울지검 외사부에 의해 벌금 500만 원에 약식기소되었다. 그런데 그 다음 달 그는 서울지법에 의해 "사안이 중하다"는 이유로 정식재판에 회부되었다. 당연한 조치이다. 한강에 독극물을 쏟아부은 행위는 당연히 정식재판을 받아야 한다.

정식재판을 열기 위해 법원은 맥팔랜드에 대한 공소장을 그의 근무지인 주한미군 영내와 영외 거주지인 서울 동부이촌동의 아파트로 보냈다. 그러나 미군측의 협조거부와 본인부재로 그에게 공소장을 전달할 수 없었다. 공소장을 전달할 수 없게 되면서 법원은 맥팔랜드에 대한 구속재판이 필요하다고 보고 구인장을 발부했으나, 미군측이 거듭 신병인도를 거부하는 바람에 결국 맥팔랜드를 재판정에 세울 수 없게 되었다.

법원은 법무부를 통해 여러 차례 주한미군에게 재판진행을 위한 협조요청을 하기도 했다. 주한미군은 "한미주둔군지위협정(SOFA)상 공무수행중에 발생한 사건에 대한 재판권은 미군측에 있다"며 거부의사를 밝혔다. 그러나 공무수행중에 발생한 고의적인 범죄에 대해서는 재판권을 이양받은 사례가 일본에서 있었다. 맥팔랜드 사건은 바로 이런 경우에 해당한다. 그러나 우리 법원은 그렇게 하지 않았다.

맥팔랜드는 한번도 우리 법정에 서지 않았다. 우리 법원이 발부한 구인장은 휴지조각이 되고 말았다. 맥팔랜드는 아무 일도 없었다는 듯이 승진을 했고, 유유히 미국으로 떠나버렸다. 소파를 개정하지 않는 한, 맥

치명적 독극물인 포름알데히드를 한강에 무단방류한 사건은 시민들을 경악시키기에 충분했다. 그러나 미군당국은 "물에 희석
되면 문제가 없다"는 식으로 얼버무리기에 급급했다. 국방부 기자회견실에서 한강 독극물 방류사건에 대한 사과성명을 발표하
고 있는 새뮤얼 테일러 공보실장(2000. 7. 24)

팔랜드 사건은 몇 번이고 거듭해서 일어날 것이다.

주한미군사령관(대장) 밑에서 주한 미지상군을 지휘하는 자가 주한 미8군사령관이다. 용산미군기지는 그의 관할 아래 있다. 맥팔랜드가 한강에 독극물을 쏟아부었을 때, 미8군을 지휘하던 자는 페트로스키 장군이다. 그는 사건이 발각되고 얼마 지나지 않은 2000년 10월에 한국을 떠나 독일로 옮겨갔다. 몇 달만 버텼다면 아무 일도 없었던 듯이 떠날 수 있었을 것이다. 그로서는 상당히 '재수'가 없었던 2000년이라고 할 수 있겠다.

한강에 독극물을 퍼부은 '맥팔랜드 사건'에 대해서는 당시 미8군사령관인 페트로스키의 책임이 크다. 그러나 범죄자인 맥팔랜드가 아무런 처벌도 받지 않은 데서 짐작할 수 있듯이, 그의 상관인 페트로스키도 아무런 일도 없었다는 듯이 독일로 떠나갈 수 있었다. 『조선일보』는 그가 떠나기 직전에 그를 인터뷰할 수 있었다(『조선일보』 2000. 9. 28). 이 신문은 미8군사령관이 인터뷰에 응한 것은 이례적인 일이라고 했다. 아마도 그럴 것이다. 『조선일보』였기에 페트로스키와 인터뷰할 수 있었을 것이다. 그 인터뷰에서 몇 가지 내용을 추려 살펴보겠다.

문 '다정한 이웃'으로 여겨온 한국인들이 매향리사격장에서 시위하는 모습을 보고 어떻게 생각했나?
답 한국은 민주주의 국가다. 민주국가의 국민들은 시위할 권리와 자유가 있다. 한국인들이 시위할 수 있다는 것은 한국의 민주주의가 그만큼 성장했다는 증거다. 한국인들이 시위하며 반미감정을 표시하는 모습에 가슴이 아팠지만 이는 한국인들의 정당한 권리라고 본다.

『조선일보』의 '우문'에 대한 페트로스키의 '현답'이다. 『조선일보』의 질문은 '다정한 이웃'에 대한 질문이라기보다는 '다정한 이웃의 배신'에 대한 질문으로 보인다. 요컨대 이 질문에는 한국인이 감히 반미시위를 한다는 것에 대한 부정적 인식이 깔려 있는 듯하다. 이런 질문에 대해 페트로스키는 '정당한 권리'라고 답한다. 그는 적어도 『조선일보』보다는 한수 위이다. 또한 매향리는 단순한 사격장이 아니다. 그곳은 '전술폭격장'이다. 이런 극단적 사례를 들어서 반미를 비난하려는 『조선일보』의 의도는 더군다나 잘못된 것이다.

문 남북한 대표단은 남북 국방장관회담 후 발표한 성명서에서 경의선 철도 및 도로가 통과하는 DMZ지역을 직접 관할할 것이라고 발표했다. DMZ는 유엔사에서 통제해 왔다. 남북한 대표단의 말대로 실행되려면 유엔사가 DMZ관할권을 한국측에 넘겨줘야 한다. 이에 대한 유엔사 또는 장군의 견해는 무엇인가?

답 남북한 책임자들과 대화한 적은 없지만, 미군이 한반도에 주둔하는 근본 목적은 평화정착이다. 구체적으로 논의하지 못했지만, 경의선 및 도로 연결을 현실화하기 위해서라면 유엔사가 긍정적으로 검토하리라 본다.

페트로스키의 생각과는 다른 결과가 빚어졌다. 2003년 1월, 유엔사는 DMZ가 유엔사의 관할이라는 이유를 들어 육로를 통한 남북한 교류를 방해하고 나선 것이다. 그 까닭은 물론 미국이 유엔사를 통해 남북한 교류를 통제하고자 하기 때문이다. 주한미군은 소파를 그냥 두고도 운영의 묘를 발휘하여 문제를 얼마든지 해결할 수 있다고 주장한다. 그런데 정전협정에 대해서는 왜 같은 논리를 적용하지 않으려 하는가? 정전협정이 바뀌지 않았더라도 변화된 시대상에 맞추어 얼마든지 운영의 묘를 발휘할 수 있지 않은가? 미군의 잣대는 자기 이익에 따라 늘 바뀐다.

휴전선이 가까운 경기북부지역 곳곳엔 미군훈련장이 널려 있어, 이로 인한 환경파괴가 심각하다. 경기도 연천의 한 폭격훈련장

문 미군은 한국의 환경을 어떻게 평가하나?

답 미군은 세계 곳곳에 주둔하고 있으며, 주둔지 환경을 보존하기 위한 많은 노력을 기울이고 있다. 주한미군은 앞으로 1억 달러를 투자, 지상 유류탱크를 지하로 이전하는 등 환경친화적 조치에 힘쓸 계획이다. 비용이 많이 들지만 꼭 필요한 조치다. 건강상 위협은 느끼지 않는다. 서울은 살기 좋은 곳이다.

주한미군으로 말미암은 환경오염에서 가장 흔한 것은 미군의 지하 유류탱크가 낡아서 빚어진 지하수와 토양 오염이다. 이런 상황에서 지상 유류탱크를 지하로 이전하겠다니 무슨 소리를 하는 건지 잘 모르겠다. 문제와 해결책에 대해 묻는 쪽이나 답하는 쪽이나 잘 모르고 한 소리인지도 모른다. 미군은 외국주둔지를 예외적 장소로 다루는 이중적 잣대를 쓰고 있거니와, 일단 이런 이중잣대를 완전히 바꾸는 것이 무엇보다 시급한 과제이고, 또한 현재의 이용현황과 오염현황을 철저히 조사하는 것이 필요하다. 페트로스키는 정작 필요한 조치에 대해서는 아무런 답도 하지 않고 있다.

문 장군은 주한 미8군사령관으로서 한강 독극물 방류사건에 대해 사과한 바 있다. 미군은 지역주민들과의 유대강화를 위한 특별대책반을 구성하는 등 반미감정에 대한 여러 대책을 마련한 것으로 알고 있다. 대책 중 일부를 소개한다면?

답 지역주민과의 관계개선은 새로운 일이 아니다. 미군이 한국에 주둔하기 시작한 이래 계속돼 왔다. 77년부터 80년까지 근무하는 동안 고아원을 방문하고 가을추수를 돕는 등 여러 활동을 통해 '좋은 이웃'이 되기 위한 노력을 계속해 왔다. 이러한 노력들이 너무

익숙해져서 오히려 잊혀진 것처럼 생각되지 않았나 생각한다. 독
극물 방류 등 일련의 사태에 언론 및 사람들의 관심이 쏠리는 것은
당연하지만 이를 위해 특별한 노력을 기울이는 것은 아니며, 항상
해오던 일들이다. 이번에 특별대책반을 만든 것은 해오던 일들을
보다 확장시키기 위해서다. 예를 들어 미공군은 성남 일대에서 지
역주민과의 유대강화를 위한 일련의 행사를 벌여왔지만 이를 더욱
강화, 군용기를 동원해 한강의 쓰레기 수거작업을 돕기 시작했다.
주한미군은 자신들이 손님이라는 사실을 잘 알고 있다. 주둔국인
한국에 감사하며, 폐를 끼치지 않으려 한다. 대다수 미군들은 한국
인들과 미군이 좋은 사이라는 점을 알고 있다.

페트로스키의 말대로 "주한미군은 자신들이 손님이라는 사실을 잘 알
고 있다"면 소파의 개정에 반대하지 말아야 한다. 그의 말은 주한미군의
실제 모습과 너무나 다르다. 주한미군이 어떤 지역주민을 만나는지 모
르겠지만, 주한미군과 지역주민의 관계개선은 정말 '새로운 일'이다. 고
아원을 방문하거나 추수를 돕는 것으로 '좋은 이웃'이 되는 것은 아니다.
'한강의 쓰레기 수거작업'을 도울 필요도 없다. 맥팔랜드가 한국의 법정
에 서는 것은 당연한 일이다. 그러나 주한미군은 한국법원의 모든 명령
을 거부했다. 페트로스키의 말을 들으면 주한미군은 한국을 위해 많은
일을 하는 것으로 보이지만, 그러나 그 실제 모습을 보면 주한미군은 한
국의 모든 것을 무시하고 있다는 생각이 든다. 여중생을 장갑차로 치어
죽이고 아무런 벌도 받지 않으려 하면서 고아원을 방문하고, 계곡이며
바위를 엉망으로 더럽히고 파괴하고는 쓰레기 수거작업에 나서는 주한
미군, 우리는 속지 않는다.

주한미군의 조폭적 행태

주한미군을 생각하면, 뒷골이 뜨뜻해지고 가슴이 답답해진다. 전형적인 스트레스 증상이다. 사람들이 말하길, 미군은 어떤 경우에도 잘못을 스스로 인정하고 고치는 법이 없다고 한다. 또 사람들은 말하길, 그러니 정 억울하면 힘을 기르고 그럴 수 없다면 그저 참고 살라고 한다. 물론 그냥 참고 살 수는 없다. 어렵더라도 힘을 길러야 한다.

주한미군 문제의 본질은 무엇일까? 우방이라는 명분으로 온갖 패악을 다 저지른다는 데 있다. 막강한 군사력을 배경으로 그 지위와 관련된 한 '배째라'로 일관하는 주한미군의 행태는 '조폭'의 그것과 너무도 유사하다. 한번 문 것은 도무지 뱉으려 하지 않고, 뭐든지 자기 맘대로 해야 직성이 풀린다.

주한미군은 전국적으로 8천만 평에 이르는 땅을 자기들 멋대로 이용하고 있다. 이중에는 용산미군기지처럼 이미 1996년에 되돌려받기로 했던 땅도 포함되어 있다. 의정부, 인천, 부평, 대구, 부산, 광주, 춘천 등의 도시를 비롯하여 주한미군은 전국적으로 93개소의 기지를 운영하고 있다. 많건 적건 환경오염은 기본이고, 매향리처럼 수십 년간 폭격장으로 이용되거나, 용산처럼 수십 년간 도시개발을 가로막는 장애물로 작용해 온 기지들도 있다.

주한미군은 곳곳에서 끔찍한 범죄들을 저지르고 있다. 윤금이씨 살해 사건에서 보듯이 개중에는 종종 야수가 저지른 만행에 가까운 범죄들도 있다. 이런 사건들에 대해서조차 우리는 주한미군의 눈치를 살피고 그들의 의견을 존중해야 한다. 주한미군과 관련된 한 범죄의 피해자는 참으로 재수가 없는 사람이 되기 십상이다. 이런 상황이 과연 우방이라는 이름으로 정당화될 수 있는 것인가?

주한미군이 끔찍스런 범죄만 저지르는 것은 아니다. 그보다 훨씬 더 자주 주한미군은 아주 저급하고 얍삽한 범죄들을 저지르고 있다. 미8군이 용산미군기지 내에 짓고 있는 호텔도 그런 경우다. 미8군은 그 땅을 오직 군사용으로만 사용해야 한다. 그런 땅에 호텔을 지어 영업행위를 하는 것은 명백한 불법이다. 그럼에도 불구하고 주한미군은 이런 식으로 전국의 기지에서 한 해 수천억 원씩 벌어들이고 있다. 각종 과태료, 수도세, 전기세, 전화료 등을 떼어먹는 것은 물론이고, 심지어 한국에서 복무한 기념으로 과태료 고지서를 챙겨가는 실정이다.

이런 문제를 해결하기 위해 한·미 양국은 '주한미군주둔군지위협정'(소파) 개정협상을 벌였다. 그러나 그 전말은 주한미군의 '조폭'적 행태를 뚜렷이 보여주는 것으로 끝나고 말았다. 잘 알다시피 '소파'는 세계 최악의 불평등조약이다. 한국과 미국이 정말 우방국이라면 이 조약을 바로잡는 것은 너무도 당연한 일이다. 이런 당연한 일을 시종 거부할 뿐만 아니라 패전국이었던 독일과 일본의 경우를 들먹이는 것은 도무지 이해할 수 없는 일이다.

미군은 힘이 세다. 오늘날 세계 어디에도 미군만큼 강한 군대는 없다. 그런 미군이 왜 그처럼 당연한 일을 거부하는 것일까? 한국인들의 당연한 요구를 이해하기에는 지능이 모자라서 그런가? 그렇지는 않을 것이다. 오히려 너무 똑똑해서 그럴 것이다. 그러나 충고하건대, 주한미군은 '헛똑똑이'라는 말이 있다는 것을 잘 알아둘 필요가 있다. 작은 것을 욕심내다 큰 것을 잃는 자, 바로 주한미군이 여기에 해당한다.

약한 자일수록 정의와 의리에 예민한 법이다. 이 점에서 '소파 개정협상'뿐만 아니라 '노근리학살사건 진상규명'까지 무산된 것은 한·미 양국 관계의 발전적 재편을 위해 대단히 애석한 일이다. 최근의 이 두 사례는

용산미군기지는 세계적으로 유례가 없는 불평등한 조약과 협정에 의거해 만들어진 '불의의 공간'이다. 2001년 9월 21일 테러경계를 위해 검문검색 활동을 벌이고 있는 미군 헌병

많은 한국인들에게 큰 실망을 안겨주었다. 주한미군은 그 막강한 힘으로 우리를 제압하려 들지만, 그럴수록 우리에게 자신의 모습이 '조폭'으로 보인다는 것을 정녕 모르는가? 그리고 제정신을 가지고 있는 사람이라면 누구나 '조폭'을 싫어한다는 것을 과연 모르는가?

우리는 주한미군과 친하게 지내기 위해 큰 노력을 기울이고 있다. 추석이나 설 같은 명절 때마다 텔레비전에서 볼 수 있는 주한미군 관련 프로그램들도 그 한 예이다. 이런 프로그램들을 보노라면, 주한미군은 참으로 좋은 사람들이라고 생각하게 된다. 사실 이런 프로그램들은 주한미군을 위로하기 위해 만들어지는 것이 아니라 한국인들에게 주한미군이 참 좋은 우리의 벗이라는 생각을 주입하기 위해 만들어지는 것으로 보인다. 왜 이런 프로그램들을 만드는 것일까?

주한미군이 우리의 좋은 벗일 수도 있다. 주한미군과 좋은 친구관계를 맺고 있는 한국인들도 많고, 그들과 결혼하는 한국인들도 적지 않다. 그러나 공식적인 한미관계로 보자면, 주한미군과 우리는 결코 좋은 벗이 될 수 없다. 한쪽이 강력한 힘의 우위를 바탕으로 명백한 특권을 누리고 있는 불평등관계 아래서 어떻게 서로 좋은 벗의 관계를 맺을 수 있는가? 이 불평등관계를 악용하는 주한미군이 얼마나 많은가? 이런 문제를 전체로서 주한미군의 특권적 지위를 바꾸지 않고 해결할 수 있을까?

주한미군이 정말로 우리의 좋은 벗이 되기 위해서는 우선 무엇보다 지금 양자의 관계가 명백한 불평등관계라는 것을 인정해야 한다. 그리고 이런 인정 위에서 양자의 잘못과 문제를 바로잡을 수 있도록 최선을 다해야 한다. 그렇지 않고 기존의 특권을 유지하는 선에서 문제를 대충 무마하려고 하는 것은 주한미군에 대한 한국인의 감정을 더욱더 나쁘게 만들 뿐이다. 이른바 '반미감정' 혹은 '반미정서'는 명백한 불평등관계에 대한 이성적 판단의 산물이라는 것을 잘 알아야 한다.

2003년 1월에 미국의 카톨릭신도들 사이에서 큰 영향력을 가지고 있는 존 리카드 주교는 불평등한 소파의 개선을 촉구했다고 한다. 그는 2001년의 개정에도 불구하고 소파가 "여전히 불평등하고 불공정하고 한국민의 주권을 침해하는 내용을 담고 있다"며, 이로 말미암아 "국가의 위엄과 주권이 훼손됐다고 실제로 느끼는 한국민들 사이에 새롭고 광범위한 반미감정을 자아내고 있다"고 말했다.

그러나 미국정부의 생각은 이와 다르다. 허바드 주한 미대사와 럼스펠드 미 국방부장관은 "소파개정은 없다"고 계속 주장하고 있다. 심지어 한국 국방부조차 이런 잘못된 견해를 따르고 있는 실정이다. 이들은 모두 한목소리로 "소파를 개정할 필요는 없으며, 운영의 묘를 기하는 것으로 충분하다"고 주장한다. 그러나 막상 문제가 터지면 미국은 언제나 법대로 해야 한다고, 다시 말해서 불평등한 소파의 규정을 따라서 처리해야 한다고 주장해 왔다. 잘못된 소파가 주한미군의 잘못된 행태를 정당화하는 제도로 악용되고 있는 것이다.

잘못된 것은 누가 보더라도 잘못된 것이다. 잘못된 것을 그렇지 않은 것으로 보이려고 헛된 노력을 기울이느니 잘못된 것을 바로잡는 것이 서로에게 이롭지 않을까?

미국은
수 작 · 문현정 컴퓨그래픽

깨달아야 한다
미선아!효순

우리는 평등한 관계를 원할 뿐이다

2003년 2월 20일, 서울 플라자호텔에서 한국국방연구원, 미국의 헤리티지재단, 한미교류협회 등의 공동주최로 '한반도에서의 도전과 한미동반자관계' 세미나가 열렸다. 이 자리에서 리언 러포트 한미연합사령관은 "한미동맹이 변혁될 수 있는 기회가 왔다"고 말했다. 그의 발언은 4월부터 시작될 '미래 한미동맹 정책구상협상'에서 주한미군의 재배치와 감축뿐만 아니라 전시작전권 이양문제도 검토할 것을 시사한 것으로 해석되었다(『대한매일』 2003. 2. 21).

2003년은 한미동맹 50주년이다. 이에 따라 여러 행사가 잇따라 열리고 있다. 그러나 정확하게 말하자면 2003년은 '불평등한 한미동맹 50주년'이라고 해야 한다. 친미파들은 어떻게 해서든지 현상유지를 위해 온갖 노력을 다하고 있다. 그러나 그런 노력은 달리는 버스 안에서 뒷걸음치는 것과 같은 것이다. 미군조차도 시대가 변했다는 것을 잘 알고 있다. 러포트 사령관의 발언은 이런 인식에서 나온 것이다.

'불평등한 한미동맹 50주년'의 핵심에 '불평등한 한미상호방위조약'과 '불평등한 한미주둔군지위협정'(SOFA)이 자리잡고 있다. 50년이면 충분하지 않은가? 더구나 그동안 미국측의 '도움'으로 우리는 가난한 농업사회에서 부유한 공업사회가 되었다. 이제는 그동안의 불평등한 관계를 청산하고 새로운 평등한 관계를 맺어야 할 때이다. 국가간의 평등은 상식에 속한다. 이 점에서 그동안의 한미관계는 비정상적이었다고 할 수 있다. '혈맹'이니 하는 말놀음은 이런 비정상성을 은폐하고 호도하기 위

여중생사건은 '한국에게 미국은 과연 무엇인지'를 진지하게 고민하도록 한 소중한 계기였다. 천주교미사에서 평화의 꽃바구니를 들고 있는 다섯 살 어린이(2002. 8. 7)

한 것이었다.

미국과 미군은 시대의 변화를 깨달아야 한다. 우리는 우리의 권리가 존중될 때, 우리의 안보상황도 더욱 강화될 수 있다고 믿는다. 그러므로 우리는 미국과 미군이 무엇보다 앞서서 우리의 주권을 존중하기를 바란다. 우리는 혈맹도, 정의의 군대도 바라지 않는다. 우리는 다만 평등한 관계와 정당한 거래를 원할 뿐이다.

불평등한 관계를 '혈맹'이라는 이름으로 신화화했을 때, 사라지는 것은 미국의 실체만이 아니다. 우리의 실체도 그와 함께 사라진다. 오늘날 한미관계는 단순히 미국이 우리에게 일방적으로 주는 관계도 아니고, 또 일방적으로 가져가는 관계도 아니다. 우리도 일방적으로 미국에게 의존만 하는 것이 아니라 많은 것을 주고 있다. 한미관계는 정상적인 상호관계에 훨씬 더 가깝다. 중요한 것은 이것을 법적 제도에 적절하게 반영하는 것이다. 특히 군사적 관계에서 이런 변화를 적절히 반영하는 것이 중요하다.

평등한 한미관계를 반대하는 자들이 불평등한 한미관계에서 이득을 챙기는 자들이라는 것은 다시 말할 필요가 없다. 미국이 특권을 누릴수록 그들의 특권도 커진다. 그들이 평등한 한미관계를 반대하는 것은 이 때문이다. 평등한 한미관계는 그들의 특권을 위협하는 것이다. 그러므로 거꾸로 이런 가당찮은 특권을 없애고 우리 사회를 더욱 정상적인 사회로 만든다는 점에서도 평등한 한미관계는 중요하다.

한국으로서나 미국으로서나 평등한 한미관계는 새로운 역사의 시작이다. 그 바탕에는 지난 30년 동안 우리 사회가 이룬 커다란 변화가 자리잡고 있다. 급속한 사회적 변화가 평등한 한미관계를 요청하고 있는 것이다. 기존의 불평등한 한미관계를 유지하려는 것은 우리 사회에서 이루어진 급속한 사회변화를 부정하는 것이라고 할 수 있다. 그러므로 그것은 도통 유지될 수 없는 시도이다. 한국이나 미국이나 평등한 한미관계를 향해 나아가기 위해 최선을 다해야 한다. 시대의 변화를 거스르지 않고, 그 흐름을 타야 한다.

변화의 흐름을 올바로 타는 것은 한미상호방위조약과 한미주둔군지위협정에 근거를 둔 미국의 특권을 포기하는 것으로 시작될 것이다. 미국은 이런 사실을 잘 알고 있을 것이다. 구체적인 부분에서는 분명히 협상을 하고 타협을 해야겠지만, 전체적인 방향은 미국이 그간의 특권을 포기하는 것이어야 한다. 한국의 시민사회는 올바른 변화를 바라고 있다.

평등한 한미관계는 미국의 특권을 위협하는 일이기에 험난할 수밖에 없다(2000. 12. 12)

추악한 '아름다운 나라'

2000년 1월 4일, 파주시에 있는 주한미군 에드워드기지에 본국으로부터 비상령이 떨어졌다. 폭발물테러에 대한 첩보가 있으니 즉각 조치를 취하라는 것이었다. 미군은 바로 병력과 장비를 인근 부대로 옮기기 시작했다. 몇 시간 뒤, 한국경찰에서 이에 대해 전화로 문의했으나 에드워드기지측은 나중에 자기들이 연락하겠다는 말로 전화를 끊었다. 오후 10시에 에드워드기지측은 모든 병력의 이동을 마쳤다. 그러나 그때까지도 우리는 무슨 일이 일어나고 있는지 아무것도 모르고 있었다.

미군의 태도는 이렇게 요약할 수 있지 않을까? "너희야 죽어도 그만이고 살아도 그만인 들쥐들일 뿐. 그러니 너희에게 비상사태고 뭐고 알릴 필요가 있겠어? 우리가 뭐 여기 너희 들쥐들 지키려고 왔냐? 우리 이익 챙기려고 왔지. 괜히 너희들 살리려고 애쓰다가 우리가 개죽음할 필요는 없잖아, 안 그래? 그래서 알리지 않은 거니까, 너무 신경 쓰지 말라고. 다 그런 거 아냐? 세상이 나빠지다 보니까, 별 일 같지도 않은 것 같고 들쥐들이 난리네. 역시 옛날이 좋았어."

누가 언제 처음으로 이 나라를 '미국'이라고 불렀을까? 그는 왜 이 나라를 '아름다운 나라'라고 부르게 되었을까? 정말 궁금하다. 자신들도 그저 아메리카합중국이라고 부르고 있거늘.

50년대, 미군은 한국전쟁에서 한국인들을 무턱대고 살상하는 만행을 서슴지 않았다. 60년대, 미군은 휴전선에 고엽제를 뿌리면서 한국군에게는 그것의 성분과 위험성에 대해서 전혀 알리지 않았다. 70년대, 미국은 줄곧 유신독재의 후원자가 돼주었다. 80년대, 우리나라를 방문한 미국의 국무장관은 미군의 세퍼드들을 동원해서 폭발물을 수색한 다음에야 정부종합청사에 발을 들여놓았다. 90년대, 미국은 주한미군 주둔분담금을 증액하도록 강요하면서 불평등한 '한미행정협정'의 개정에 대해서는 코웃음으로 일관했다.

이제 사실을 사실대로 보도록 하자. 미국은 결코 미국(美國)이 아니다. 그것은 그저 아메리카합중국일 뿐이다. 이제 이 나라를 미국이라는 신화적 이름이 아니라 본래대로 아메리카합중국으로 부르도록 하자.

유홍준은 우리 국토는 어디나 역사박물관이라고 했다. 나는 그 말이 맞기도 하고 틀리기도 하다고 생각한다. 드러나지 않은 깊은 속은 그럴지 몰라도 쉽게 보이는 거죽은 전혀 그렇지 않기 때문이다. 우리 전통의 지리서인『산경표』의 눈으로 보자면, 지금 우리 국토는 어디나 군사기지라고 해야 한다. 그중에서 주한미군의 기지만 90개에, 그 면적은 무려 8천만 평에 이른다. 이 모든 것이 우리의 의지와 무관하게 소유·운영·관리되고 있다. 그 기지들 때문에 많은 사람들이 정당한 재산권을 행사하지 못하는 것은 물론이고, 일상생활 속에서 생명과 건강을 심각하게 위협받고 있다. 그러므로 이 기지들은, 미군에게는 치외법권지대겠지만 우리에게는 무법지대와 마찬가지다.

동포들이여, 우리는 지금 너무도 부끄러운 지경에 있다. 도대체 한 나라의 수도 한복판에 외국군 대부대가 주둔하고 있는 주권국이 대한민국을 빼고 세상 어디에 또 있는가? 대한민국이라는 이름이 부끄럽지 않은가? 진짜 21세기가 시작되기 전, 그러니까 올해가 가기 전에 용산미군기지는 반드시 서울시에 반환되어 서울의 센트럴파크로 거듭나야 한다. 올해가 가기 전에 세종로 미국 대사관과 관사는 반드시 서울시에 반환되어 국립미술관으로 거듭나야 한다. 이런 요구에 대해 협상 자체를 거부하고 있는 아메리카합중국은 '아름다운 나라'가 아니라 '추악한 나라'임에 틀림없다. 추악한 '아름다운 나라'여, 더 이상 추악해지려 하지 마라.

맥시코의 한 시인은 일찍이 이렇게 읊었다. "천국은 너무나 멀고 미국은 너무나 가깝다." 무도한 미군의 전횡 속에서 분을 삭이며 살아야 하는 우리의 처지는 이런 멕시코의 처지와 과연 얼마나 다른가? (『한겨레』 2000. 1. 6)

이 글이 발표되었을 때, 나는 제주도에 머물고 있었다. 시민운동활동가 연수회에 정보사회운동을 주제로 강의하러 갔다가 연수회에 참여하고 있었다. 그때 나는 아직 '삐삐'를 쓰고 있었는데, 어느 날 저녁 음성녹음이 되어서 들어보니 미대사관이었다. 전화를 걸어보니 부대사가 나를 보고 싶어한다는 것이었다.

당시 부대사는 크리스텐슨이라는 사람이었다. 만나서 얘기를 들어보니, 30년 전에 평화봉사단으로 우리나라에 왔고 목포지역에서 활동을 해서 전라도사투리로 우리말을 하고 한국인과 결혼을 했으며, 모든 면에서 한국인과 아주 가까운 사람이었다. 우리는 인사동에서 만나서 3시간 정도 해물탕에 막걸리를 마시며 이런저런 얘기를 나눴다. 대체로 격렬한 토론에 가까웠지만, 가벼운 대화가 오가지 않았던 것은 아니다.

그가 나를 보자고 한 까닭은 『한겨레』 지면을 통해 갑자기 나타난 '반미파'의 생각을 들어보고 정체를 알고 싶어서였던 것 같다. 어느새 3년여의 시간이 지났고, 그가 이 나라를 떠난 지도 곧 3년이 된다. 그때 나누었던 얘기들도 이제는 많이 잊혀졌다. 그래도 몇 가지 생각나는 얘기들을 여기에 적어두고 싶다.

그가 나를 보자고 한 직접적인 이유는 바로 이 글 때문이었다. 1999년 가을부터 계속 주한미군의 문제를 지적하는 글을 써서 미국의 심기를 불편하게 했는데, 이 글에서는 '들쥐'론을 들먹이며 반미를 선동하다시피 했기 때문에 도대체 어떤 사람인가를 보고 확인하려고 했던 것이다. 나도 마찬가지였다. 부대사가 어떤 사람이고, 또 어떤 일을 하는 자리인지 궁금했다. 직접 만나서 내 생각을 전하고 함께 얘기해 보고 싶은 마음이 들었다.

많은 얘기를 나눴지만, 특히 두 가지가 생각난다. 하나는 반미에 관한 것이다. 그는 한국에 대해 잘 알고 있는 사람이지만, 반미에 대해서는 역시 이데올로기적 선입관을 가지고 있었다. 다시 말해서 반미의 사회적 원인과 변화에 대해 제대로 이해하고 있지 못했다. 나는 그에게 반미를 무조건 '극단적인 반미'로 받아들여서는 안 된다는 것을 강조했다. 또한 나는 문제를 인정하고 바로잡으려는 적극적인 노력이 필요하다는 것을 강조했다. 내가 미국이 모르는 얘기를 했으리라고는 생각하지 않는다. 미국의 문제는 실천을 미루는 데 있다. 그것은 전형적인 기득권의 논리이다. 그러나 그것은 작은 것을 얻으려다 큰 것을 잃어버리는 논리이기도 하다. 미국은 친미파의 입이 아니라 반미파의 입에 귀를 기울여야 한다. 현재의 문제에 대해 그들이 정확한 말을 하기 때문이다. 크리스텐슨이 나를 만나자고 한 것은 나를 설득하기 위해서가 아니라 내 말을 듣기 위해서였다. 이 점에서 나는 그의 태도와 노력을 인정한다.

또 하나는 공여지에 관한 것이다. 엄청난 넓이의 공여지가 전국 곳곳에서 많은 문제를 일으키고 있는 현실을 그도 잘 알고 있었다. 그리고 민주화와 함께 갈수록 이 문제가 주한미군의 핵심 문제가 되리라는 사실도 잘 알고 있었다. 이에 대해 미국도 대책을 준비하고 있다고 했다. 아마도 그 결과가 '연합토지관리계획'(LPP)일 것이다. 그러나 이 계획은 주한미군의 배치를 중심으로 마련된 것이지, 공여지문제의 해결을 중심으로 마련된 것이 아니다. 주한미군은 여전히 자기중심적이다. 말로는 늘 한국민을 위한다고 하면서 실상은 한국민을 독립변수로 고려하지 않는다. 독립변수는 어디까지나 주한미군이다.

크리스텐슨과 만난 자리에서 핵심적인 장소로 떠오른 것은 용산미군기지였다. 당시 내가 용산미군기지의 반환과 자연공원만들기운동을 막 시작했기 때문이기도 했다. 그는 자기가 10년 전에 골프장 반환을 했던 미국측 실무책임자였다고 했다. 그러면서 용산미군기지는 돌려주어야 옳지만, 그러나 골프장의 경우를 보니 한국인은 그 땅을 제대로 지키지 못하는 것 같다고 했다. 기껏 공원을 만들었다가 몇 년 가지도 못해 그 땅의 반을 잘라 국립중앙박물관을 들이는 것을 비판한 것이다. 뼈아픈 비판이었다. 김영삼의 정치적 문화정책이 용산가족공원을 망치고 국립중앙박물관을 망쳤다. 크리스텐슨은 이 사실을 찔렀던 것이다. 나는 그 사실을 인정하지 않을 수 없었다. 그러나 지난 10년간 한국의 시민사회가 크게 성장했고, 이제는 관리할 수 있게 되었다고 주장했다. 지키기 쉽지 않지만, 지켜야 하는 주장이었다.

크리스텐슨과 꽤 열을 올리며 토론했던 또 하나의 주제는 '들쥐론'이었다. 그는 위컴이 이 말을 한 것에 대해 대신 사과한다고 했다. 나는 크리스텐슨이 대신 사과할 필요는 없다고 했다. 중요한 것은 사과가 아니라 불평등한 한미관계를 바로잡는 것이라고 말했다.

위컴의 발언은 여전히 논란의 대상이다. 위컴은 1980년 광주민주화운동이 일어나던 때 미8군사령관이었다. 그는 그 무렵 이렇게 말했다.

"한국민은 들쥐와 같아서 그들은 언제나 그들의 지도자가 누구든 무조건 따른다. 한국인에게는 민주주의가 적절한 체제가 아니다."

1997년 5월 8일, 서울에서 '5·18학술심포지엄'이 열렸다. 이 자리에서 미국의 마크 피터슨 교수는 "한국 민주주의의 수호는 한국인의 책임이며 미국에 5·18의 책임을 돌리는 것은 잘못" "윌리엄 글라이스틴 대사와 위컴 대장의 문제발언들은 실수" "특히 위컴 대장의 들쥐들이라는 표현은 문화적 차이에서 비롯된 오해"라고 주장했다. 여기서 특히 재미있는 것은 마지막 '오해'의 부분이다. 위컴은 본래 '레밍'이라고 말했는데, 이것은 토끼에 가까운 동물이며, 이것을 '들쥐'로 번역한 것은 잘못이라는 것이다. 레밍은 뒤엣놈이 앞엣놈을 무조건 따라가는데, 전두환을 중심으로 군부가 재편되는 것을 가리키기 위해 '레밍론'을 폈다는 것이다. 이 주장은 일부 한국인에 의해서도 재생되고 있다. 레밍이 뭔지도 모르면서 들쥐로 번역해서 쓸데없는 오해를 불러일으키고 한미관계에 부정적 영향을 미쳤다는 것이다.

그러나 그것이 레밍이건 들쥐이건, 위컴의 말에서 우리가 오해할 여지는 거의 없다. 레밍이 들쥐보다는 훨씬 귀엽게 생긴 것은 사실이다. 그리고 무리를 지어서 어디론가 맹목적으로 몰려가는 것은 레밍의 습성이지 들쥐의 습성은 아니다. 그러나 그것이 들쥐이건 레밍이건, 위컴이 한국인에게 대단히 모욕적인 발언을 했다는 것은 틀림없는 사실이다. 그의 '레밍론'은 한국의 군부가 아니라 한국민을 대상으로 나온 것이다.

하지만 지금의 정세로 보건대, 그리고 80년대의 정세로 보건대, 사실 이 레밍론은 오히려 미국에 딱 들어맞는 말이다. 레이건이나 부시를 추종하는 저 정신없는 무리들이 레밍이 아니라면 무엇이겠는가? 그러나 위컴은 한국에 대한 편견에서 이런 몰상식한 레밍론을 폈던 것이다. 이것은 단순한 실수가 아니라 속내를 드러낸 것이다.

　더 큰 문제는 이런 속내의 자연스러운 논리적 결과로 미국이 전두환 일당을 지지하게 되었다는 것이다. 전두환에게 맞서서 민주주의를 지키려는 한국민들이 그렇게 많았음에도 불구하고, 광주에서는 많은 사람들이 특전사에 맞서다가 학살당했음에도 불구하고, 위컴은 한국민을 '레밍'이라고 부르고 전두환의 손을 들어주었다. 그의 '레밍론'은 불의의 정권을 지지하기 위한 '알리바이'의 성격을 갖는다. 40여 년 전에 박정희정권을 비롯한 세계 각국의 독재정권을 지지할 때처럼 미국은 다시 전두환정권을 지지하며 한국민의 '자질'을 멋대로 평가하고 비판했던 것이다.

　위컴의 레밍론은 미국의 정체를 우리가 바로 알게 하는 데 큰 도움이 되었다. 미국은 자국의 이익을 위해 언제라도 독재정권을 지지할 준비가 되어 있으며, 이를 위해 어떤 국가나 민족의 자존심이라도 뭉갤 준비가 되어 있다. 위컴의 레밍론은 이런 사실을 아주 잘 보여주었다. 그러니 우리는 위컴의 레밍론을 반드시 기억해야 한다. 그것이 어떤 상황에서 나왔으며, 어떤 정치적 구실을 했는가도. 그리고 "문화적 차이에서 비롯된 오해" 따위는 없으며, 다만 정치적 능력과 이해관계의 차이에서 비롯된 편견만이 있을 뿐이라는 것을.

아메리칸 반달리즘

　반달리즘은 약탈과 파괴, 그것도 문화에 대한 약탈과 파괴를 뜻한다. 5세기 무렵에 흉노족의 침입으로 말미암아 반달족이 서쪽으로 쫓겨오면서 로마와 스페인의 도시들로 쳐들어가 약탈과 파괴를 저질렀던 데서 비롯된 말이다. 반달족에 대한 저주가 섞인 용어이기도 하다. 그래서 의도적인 문화의 약탈과 파괴를 가리키기 위해서는 '크루세이디즘'(crusadism)을 쓰는 편이 옳다고 하는 사람도 있다. 십자군전쟁이야말로 비잔틴문화에 대한 의도적인 약탈과 파괴였기 때문이다.

　미의회가 결국 부시 대통령에게 이라크를 침공할 수 있는 권한을 주는 것을 보고 문득 '아메리칸 반달리즘'이라는 말이 떠올랐다. 바로 이어서 '북핵문제'가 터지는 바람에 국내에서는 이 중대한 결의에 관한 논의가 다소 잦아든 듯하다. 그러나 이 문제에 대한 미국의 태도를 포함해서 미국의 패권주의는 문화적 차원에서도 비판적으로 검토될 필요가 있다. 이라크는 인류문명의 발상지이기도 하다. 아들 부시 대통령은 아버지 부시 대통령이 그랬던 것처럼, 고도로 발달한 기술을 이용하므로 소중한 유적지를 파괴하는 일은 일어나지 않으리라고 주장할 것이다. 그러나 그 기술은 무고한 사람들을 무참히 살해하기도 했다. 부시 대통령의 '전쟁'은 소중한 인류문명의 유적지에 대한 '파괴'가 될 수 있다.

　눈을 가까이 돌려 우리의 처지를 보자. 이 나라에서 미국은 이미 많은 사람들로부터 아메리칸 반달리즘이라는 비판을 받고 있다. 최근에 불거진 두 가지 사례가 있다. 먼저 국립중앙박물관 앞 미8군 헬리콥터장의 문제이다. 용산에 들어서고 있는 국립중앙박물관 앞에는 2천 평에 이르는 미8군 헬리콥터장이 있다. 이렇게 좋지 않은 땅에 국립중앙박물관을

세우기로 한 자들이 우선 비판을 받아야 마땅하기는 하지만, 이왕 들어
서게 된 국립중앙박물관을 일단 무시하기로 한 미군의 태도도 잘못된
것이기는 마찬가지이다. 미군은 '배째라' 식으로 무작정 버틸 것이 아니
라, 미군의 주둔방식을 합리화하는 쪽으로 시급히 용산기지의 반환책을
세워야 옳을 것이다.

　2002년에 들어와서 이보다 훨씬 더 아메리칸 반달리즘에 가까운 것
으로 볼 수 있는 사례가 생겨났다. 정동의 미대사관저 자리에 15층짜리
미대사관과 8층짜리 미대사관 직원숙소용 아파트를 짓겠다는 미대사관
쪽의 계획이 그것이다. 이곳은 원래 태조 이성계의 계비 신덕왕후의 무
덤인 정릉이 있던 곳이고, 광해군 이후에는 조선의 5대 궁궐에 속하는
경운궁(덕수궁)이 들어선 곳이며, 근대에 들어와서는 제국주의의 침략
과 조선의 몰락이 이루어진 곳이기도 하다. 한마디로 이곳은 우리에게
대단히 소중한 유적지이다. 이런 곳에 대사관과 대사관저와 직원용 아
파트를 짓겠다는 것은 분명히 잘못된 것이다. 용산기지와 마찬가지로
이곳도 언젠가는 우리에게 되돌려줘야 하는 곳이다. 미대사관 쪽은 세
계적으로 이름난 건축가를 모셔다가 이곳과 멋지게 어울리는 건물을 짓
겠다고 주장한다. 그러나 그 건축가는 역사에 대해서는 아무런 감각도
가지고 있지 못한 사람이었다. 이런 사람을 내세우고 합법적인 토지소
유권 운운하며 건축을 강행하는 것은 우리의 유적지를 멋대로 약탈하고
파괴하는 반달리즘이라고 하지 않을 수 없다.

　여러 부담이나 압박에도 불구하고 많은 사람들이 미국의 문제를 지적
하고 그 잘못에 맞서는 데는 다 그럴 만한 이유가 있다. 미국은, 그리고
미국을 일방적으로 사랑하는 심각한 질병에 걸려 있는 친미파 또는 지
미파는, 이런 사실을 직시하고 인정해야 한다. 지금처럼 일방적인 미국
의 우위를 계속해서 강요하다가는 아메리칸 반달리즘은 그냥 '아메리카

니즘’으로 바뀌게 될지도 모를 일이다.

그 뜻은 아마도 이렇게 풀이될 것이다. ‘아메리카니즘: 미국의 강력한 군사력과 경제력을 이용하여 다른 나라 또는 민족의 문화를 약탈하고 파괴하는 것. 2002년의 부시독트린은 이러한 아메리카니즘으로 가는 길을 다진 잘못된 정책적 결의였음. 평화를 사랑하며 역사의 진보를 믿는 미국과 세계의 시민들은 아메리카니즘에 깊은 혐오감을 보이고 있음.’ 미국은 다른 나라의 역사와 문화를 존중해야 한다. 더군다나 우방에 대해서는.

미국을 무턱대고 반달리즘의 국가라고 주장한다면, 그것은 분명히 잘못일 것이다. 미국은 아주 젊은 국가이지만 그렇다고 해서 문화가 없다거나 문화를 소중히 여기지 않는 나라는 아니기 때문이다. 미국이 자신의 역사와 문화를 다루는 방식을 보면, 오히려 우리 자신이 부끄럽게 여겨지기도 한다. 우리는 늘 5천 년 역사를 자랑스럽게 말하면서도 실제로 그 역사를 소중하게 보듬고 가꾸는 데는 여러모로 부족한 것으로 보이기 때문이다.

현대를 가리켜 흔히 ‘기술문화의 시대’라고 한다. 복잡한 기계를 이용하는 삶이 현대적 삶의 중요한 특징이고, 이런 점에서 현대의 문화는 기술문화라는 특징을 가진다는 것이다. 이러한 기술문화의 융성에서 미국의 이바지는 절대적이다. 전화, 라디오, 텔레비전 그리고 인터넷에 이르기까지 미국은 현대의 기술문화를 이끌어왔다. 현대의 기술문화가 비록 유럽에서 비롯된 것이라고는 해도, 그것이 지금처럼 고도로 발달하고 세계로 퍼져나가는 데는 미국의 영향이 절대적이었다. 이런 점에서 보자면, 미국을 반달리즘의 국가라고 말하는 것은 더더군다나 잘못된 것으로 보인다.

그러나 기술문화는 반달리즘의 성격을 가진다. 기계제 대공장이 수공업의 생산력을 쉽게 제압한 것처럼, 고도로 발달한 기계를 이용한 현대의 기술문화는 저마다 다른 생태적·역사적 조건 속에서 다듬어진 다양한 '토착문화'를 쉽게 제압했다. 또한 기술문화는 '상품문화'의 성격을 강하게 가지기도 한다. 더 많은 이윤을 위한 상품으로서 교묘하게 조작되고 생산되는 기술문화는 강력한 흡인력을 가지고 사람들을 빨아들인다. 그 유혹에 저항하는 것은 쉬운 일이 아니다. '문화다양성의 보존'이라는 목표는 이런 상황의 산물이다.

우리의 삶은 온통 모순의 연속인 것 같다. 기술문화의 편리성과 화려함을 강조하면, 토착문화의 희귀성과 아름다움이 손상을 입게 된다. 적절한 조화를 이루어 더 나은 종합의 길로 나아가는 것은 결코 쉽지 않다. 이 때문에 우리는 기술문화의 강력한 생산력에 주의해야 한다. 그것은 자칫 파괴력으로 작용할 수 있기 때문이다. 미국은 '문화의 상품화'에 어느 나라보다 앞서 있지만, 반면에 이런 모순에는 별로 주의하고 있지 않은 것 같다. 이 때문에 세계 곳곳에서 미국으로부터 퍼져오는 기술문화에 대한 저항이 끊임없이 일어나고, 자기의 문화적 정체성을 지키려는 노력이 끊임없이 펼쳐지는 것이다.

미국은 경제적이나 정치적으로만 대국이 아니라, 문화적으로도 틀림없이 대국이다. 그런데 여기서 한걸음 더 나아가 미국은 문화의 영역에서도 패권의 논리를 관철시키려 한다. 그 이면에서 미국에 대한 문화적 불만은 갈수록 커지게 된다. 용산의 미8군 헬리콥터장 이전이나 정동의 미대사관 신축을 둘러싼 논란에도 이런 문화적 불만이 깊이 연관되어 있다. 미국이 반달리즘의 국가라는 비판을 듣지 않으려면, 미국에 대한

약탈과 파괴로 얼룩진 아메리카합중국의 역사는 지금도 세계 곳곳에서 재현되고 있다(경기도 파주 임진강변, 2003. 3. 9)

문화적 불만을 직시해야 한다.

미국에 대한 문화적 불만은 이른바 '현지화'라는 방식으로 해결될 수 있는 문제가 아니다. 그것은 제국의 적응력과 동화력이 발휘되는 하나의 방식이기 때문이다. 정말로 중요한 것은 다른 문화와 삶에 대한 깊은 존중이다. 예컨대 용산의 미8군 헬리콥터장 이전이나 정동의 미대사관 신축은 미국 쪽에서 먼저 포기하고 대안을 찾자고 제안했어야 옳았을 사안이다. 그렇게 하지 않았기 때문에 시민의 거센 저항을 불러일으키게 되었고, 나아가 '문화제국주의'를 넘어서 반달리즘의 국가라는 비판을 받게 되었던 것이다.

정동과 미국

서울의 정동은 참으로 한스런 곳이다. 애초에 이곳은 태조의 둘째부인 신덕왕후의 능이 있던 곳이다. 그 능의 이름이 정릉이었다. 정동이라는 지명은 바로 이 능이름에서 나온 것이다. 잘 알다시피 지금 정릉은 미아리고개 너머 북한산자락에 자리잡고 있다. 태종이 신덕왕후를 미워해서 도성 안에 능묘를 쓸 수 없다는 이유로 정릉을 이곳으로 옮겼던 것이다. 능은 떠나고 이름만 원래의 자리에 남은 셈이다.

신덕왕후와 태종의 사이는 아주 안 좋았던 모양이다. 태종은 신덕왕후의 자식들을 모두 죽여버렸다. 그리고 그 능을 옮겼고, 또 그 신장석을 광통교의 다리기둥으로 쓰도록 했다. 그래도 신장석에게는 그 시절이 좋았으리라. 태조가 사랑해서 늘 곁에 두고 싶어했던 여인의 무덤을 지키던 신장석은 지금은 일년 내내 한점 빛도 들지 않는 아스팔트 아래서 완전히 버려지고 잊혀졌다. 문화재급의 유물이라는데도.

정동이라는 동네를 보면, 이 신장석의 비참한 운명을 떠올리지 않을 수 없다. 정릉이 옮겨가고 오래 뒤에 이곳은 궁으로 바뀌었다. 본래 월산대군의 집과 다른 민가들이 있었지만, 임진왜란으로 경복궁이 타버린 뒤에, 선조가 이곳에서 거처하다가 죽었고, 광해군이 이곳에서 즉위해서 경운궁이라는 이름을 붙였다. 그 뒤 그는 창덕궁으로 옮겨갔지만, 인조반정으로 다시 이곳으로 끌려와 유배의 길을 떠나게 된다.

우리 민족사의 최대 비극은 일본제국주의의 식민지가 되었던 것이다. 이 전락의 장소도 바로 정동이었다. 지금의 정동극장 옆 골목으로 쭉 들어가면 하얀색의 2층건물을 만나게 된다. 중명전이라는 이름을 가지고 있는 이 양식건물은 본래 경운궁의 부속건물이었다. 바로 여기서 고종은 이토 히로부미의 강요로 을사늑약에 서명하지 않을 수 없었다. 경운궁과 정동은 제국주의의 침략과 식민지의 역사를 담고 있는 곳이다.

일본제국주의는 침략을 위해 명성황후를 죽이기도 했다. 고종은 일본제국주의로부터 나라를 지키기 위해 나름대로 애썼다. 그중의 하나가 다른 열강들의 힘을 빌리는 것이었다. 이를 위해 그는 경운궁의 땅 안에 열강들의 대사관이 들어서도록 했다. 지금의 덕수궁 둘레에 미국대사관저, 영국대사관, 러시아대사관이 자리잡고 있는 것은 그 때문이다. 정동은 제국주의의 침략사와 왕조의 몰락사를 고스란히 보여주는 생생한 역사의 공간이다. 100년 전의 그 참담한 역사를 공부하기 위해 우리는 정동으로 가야 한다.

잘 알다시피 고종의 노력은 물거품이 되고 말았다. 제국주의 열강 중에서 그의 청에 진실로 귀기울이는 나라는 하나도 없었다. 어떻게 하면 더 많이 뜯어먹을 수 있을까 하는 것만이 그들의 유일한 관심사였다. 청과 러시아가 일본에게 지자, 고종은 미국의 힘을 빌려서 일본을 막으려고 했다. 그러나 그때 미국은 일본제국주의와 이른바 '태프트-가쓰라밀약'이라는 것을 맺어서 각각 필리핀과 조선을 사이좋게 나눠먹기로 했다. 우리에게 미국은 처음부터 '아름다운 나라'가 아니었고, 또 하나의 야만적인 제국주의 열강일 뿐이었다.

정동의 명소로 가장 유명한 것으로는 이른바 '덕수궁 돌담길'을 들 수 있다. 어찌된 영문인지 이 돌담길 때문에 비참한 역사의 거리가 아름다운 낭만의 거리로 뒤바뀌어버렸다. 그러나 이 돌담길은 본래부터 있던 돌담길이 아니다. 일본제국주의는 경운궁을 멋대로 부숴서 길을 내고 건물을 지어서 경운궁의 본래 모습을 없애버렸다. 공간적 상징을 파괴해서 조선이 사라졌다는 것을 노골적으로 드러내고자 했던 풍수침략의 방법을 경운궁에도 써먹었던 것이다. 덕수궁 돌담길이란 이런 침략과 파괴의 산물이다. 이런 길을 낭만 어쩌고 하면서 즐긴다는 게 도대체 말이나 되는 일인가? 이토 히로부미가 배꼽을 잡고 웃을 일이지 않은가?

서울시에서는 꽤 큰돈을 들여서 이 길을 제법 그럴듯하게 다듬어놓았다. 그러나 정동의 복판에 들어서게 되면, 이 길의 운치고 뭐고 다 끝장나고 만다. 이곳이 사실은 무서운 감시의 거리라는 사실이 확연히 드러나기 때문이다. 돌담길이 휘도는 부분에는 공사장 가건물 같은 것을 들여놓았는데, 우습게도 겉에 사라진 농촌풍경을 그려놓은 이 가건물은 전경들의 임시막사로 사용되고 있다. 이 휘도는 길목에서는 전경들이 늘 길막이쇠를 세워놓고 오가는 차량을 통제하고 있다. 돌담길의 다른 쪽 길목에서도 많은 전경들을 만날 수 있다. 이중삼중이 아니라 사중오중의 감시망이 펼쳐져 있는 길이 바로 덕수궁 돌담길이다. 이런 길이 낭만의 거리라고?

이 길을 걸을 때는 항상 전경들의 감시의 눈길을 의식해야 한다. 오해를 살 어떤 행동도 해서는 안 된다. 그랬다가는 전경들이 떼거리로 달려와 즉각 잡아갈 수도 있기 때문이다. 물론 소리를 질러서도 안 된다. 아마도 노래를 부를 수도 없을 것이다. 그저 조용히 이 길을 빠져나가는 것만 허용된다. 신문로 쪽에서 정동 네거리로 가건, 정동 네거리에서 신문로 쪽으로 가건, 최소한 세 번은 전경의 감시를 무사히 통과해야 한다. 심지어 전경들이 지키고 있는 쪽의 돌담길은 사진도 찍을 수 없다. 이쪽으로 사진기를 향하는 것조차 허용되지 않는다. 이쪽으로 사진기를 향하는 것만도 전경들이 득달같이 달려오게 되는 이유가 된다. 뚜렷한 이유도 없다. 그저 위에서 못 찍게 하라고 했단다. 지나치며 보기에는 그럴싸해 보이지만, 이곳은 여전히 박정희·전두환 시절 그대로다.

정동이 이처럼 박정희와 전두환의 깡패정권시절에 머물러 있는 까닭은 미국대사관저가 이곳에 자리잡고 있기 때문이다. 덕수궁의 뒷담길과 미국대사관저는 일제가 뚫어놓은 2차선 찻길을 사이에 두고 나란히 자리잡고 있는데, 바로 이 미국대사관저를 보호하기 위해 사방에 전경들을 깔아놓고 오가는 모든 사람들을 밤낮으로 감시하고 있는 것이다. 중명전을 보기 위해 정동극장 옆 골목길로 들어가도, 러시아공사관 터를 보기 위해 예원여고 옆 골목길로 올라가도, 우리는 언제나 한 무리의 볼품없는 전경떼를 만나게 된다. 옛 러시아공사관 터는 지금 공원이 되어 있는데, 이 공원은 언제나 전경들의 식당이자 놀이터로 이용되고 있다. 이쪽으로도 미대사관저의 문이 있기 때문이다.

전경들이 오가는 시민들의 눈총을 받으며 그토록 애써서 지키고 있는 높다란 담 안에는 녹음이 울창하다. 많은 나무들이 서로 어울려 아주 잘 자라고 있다. 그중에서 담 너머로 치솟은 수백 년 묵은 아름다운 회화나무는 그곳이 본래 왕궁의 한 자락이었음을 오늘도 생생히 증거하고 있다. 그러나 그 우거진 녹음 사이로 휘날리는 것은 미국의 성조기이다. 정동을 지배하는 것은 미국이다.

미대사관저가 지금 그 자리에 있게 된 것은 야만적인 제국주의 침략의 산물이다. 그러므로 그 자체가 충분히 잘못된 것이라고 할 수 있다. 그런데 미국은 여기서 한술 더 떠서 그 담 안에 직원용 아파트를 짓겠단다. 이렇게 되면 우리는 아예 정동으로 다니지도 못하게 될 것이다. 미대사관저와 덕수궁 뒷담 사이의 길은 아마도 완전히 통제되고 말 것이다. 이 길을 넘어서 신문로 쪽으로 가다 보면 미대사관저의 담 아래로 넓은 빈땅이 있는 것을 보게 된다. 가까이 가서 보면, 문에 '미 정부재산'이라고 써 있는 팻말을 볼 수 있다. 세종로의 미대사관이 옮겨올 옛 경기여고의 땅이다. 미대사관저도 대사관이 옮겨올 이 땅도 모두 경운궁이었다. 언젠가는 복원해야 할 곳이라는 뜻이다.

정동은 여전히 100년 전에 머물러 있다. 그러나 더 이상 제국주의 열강이 정동을 지배하게 해서는 안 된다. 우리가 진정으로 호혜평등한 시대를 살고 있다면, 정동부터 그런 곳으로 다시 태어나게 해야 한다. 잘못을 바로잡기는커녕 자신의 무리한 계획을 이루기 위해 서울시의 조례를 바꾸도록 강요하는 미국의 제국주의적 행태에 단호히 대처해야 한다. 그 안에 아파트를 짓는 것은 고사하고 미국대사관저가 침략과 파괴의 역사를 반성하고 다른 곳으로 옮겨가야 한다. 대사관을 옛 경기여고 터로 옮기겠다는 계획도 당연히 취소되어야 한다. 지금은 수백 년 묵은 회화나무 한 그루만 남아 지키고 있는 곳이지만, 그곳은 조선왕조의 역사가 묻혀 있는 비운의 자리이기도 하다. 우리가 정녕 우리의 역사를 소중히 여긴다면, 차제에 모든 일을 분명히 바로잡아야 한다.

2002년 7월 초, 미대사관은 미국의 건축가 마이클 그레이브스를 초청했다. 미대사관은 포스트모더니즘 계열의 저명한 건축가인 그에게 정동의 미대사관 신축을 맡기기로 한 것이다. 그가 공개강연회를 하기 하루 전인 2002년 7월 3일, 미대사관은 한국인 약 10명을 정동의 대사관저로 초대해서 그레이브스의 구상에 대해 듣고 함께 점심을 들며 이야기하는 자리를 마련했다. 나는 참여연대의 추천으로 이 자리에 참석하게 되었다.

사실은 진작부터 미대사관저를 들어가 보고 싶었다. 이곳이 경운궁 자리이기도 하거니와 여러 근대건축물이 있기도 하기 때문이다. 2000년 1월에 크리스텐슨 전 부대사가 다음에는 관저에서 한잔하자고 했으나 그때는 아직 이곳의 가치를 잘 몰라서 정말 가려고 하지는 않았다. 그런데 이렇게 초청을 받게 되었으니 인연이 있는가 보다고 생각했다. 그러나 처음에는 가고 싶지 않았다. 미대사관 쪽의 의도가 분명하게 읽혔기 때문이었다. 많은 시민들이 강력하게 반대하고 있는 대사관 신축계

한 나라의 문화유산이 보존돼 있는 궁궐터에 자신들의 아파트와 대사관을 짓겠다는 미국의 생각은 오만함 그 자체다.
덕수궁 전경

획을 밀어붙이기 위해 우호적인 여론을 조성하려는 것으로 보였던 것이다. 며칠 생각을 하고 주위의 얘기도 듣고 결국은 참석해서 할말을 하기로 생각을 굳혔다.

모이는 시각은 12시였다. 시간에 맞추어 미대사관저 정문에 이르니 정문을 지키는 전경이 내 앞을 막아섰다. 평소에 이런 식으로 막아섰더라면 조금은 위축되었겠지만, 이번에는 초대를 받고 왔으니 조금도 그럴 필요가 없었다. 문이 열렸고, 나는 안으로 들어갔다.

먼저 그레이브스가 준비한 자료를 보며 그의 설명을 들었다. 그는 나름대로 우리 건축을 공부한 듯이 보였다. 그러나 그가 제시한 설계안에서 우리 건축의 모습을 볼 수는 없었다. 그는 다만 자기도 우리 건축에 대해 공부했다는 것을 보여주고 싶었던 것 같다. 물론 그의 설계에 우리 건축이 반영되지 않은 것은 전혀 문제가 될 것이 없었다. 그러나 그가 각각 8층과 15층의 거대한 건물을 정동의 미대사관저와 그 북쪽 옛 경기여고 자리에 짓겠다는 것은 큰 문제였다. 그의 구상은 경운궁 터인 이 땅에 커다란 미대사관과 대사관저와 대사관 직원숙소를 지어서 또 다른 '서울 속의 미국'을 만들겠다는 것으로 보였다. 이것은 이 땅의 역사적 내력을 완전히 무시하는 반문화적 발상이었다. 내게 그는 반달리스트로 보였다.

점심을 들면서 그레이브스의 구상에 대해, 아니 미대사관 쪽의 신축계획에 대해 이야기를 나누게 되었다. 이 자리에 참석한 한국인은 모두 반대와 우려의 뜻을 밝혔다. 나는 두 가지를 말했다. 첫째, 이곳은 비운의 역사를 안고 있는 땅이다. 그러나 그동안 이곳에 미대사관저가 자리잡고 있던 덕에 박정희정권의 파괴적 개발에서 무사히 살아남을 수 있었다. 이 점에 대해 나는 고맙게 생각한다. 둘째, 그러나 지금 미국정부는 이곳을 파괴하려 하고 있다. 그레이브스는 주위와 어울리게 지을 것이

라고 주장하지만, 그러나 아무리 건축적 기술을 발휘한다고 해도 이곳에
8층과 15층의 거대한 건물을 짓고서 이곳의 정취를 지킬 수 있는 방도
는 없다. 이곳은 장차 경운궁으로 복원되어야 할 곳이다. 이곳에 거대한
대사관저와 숙소를 짓겠다는 것은 이곳의 역사를 파괴하겠다는 것과 같
다. 이 명백한 사실을 미국정부는 잘 알아야 한다. 이곳은 우리에게 돌려
주고 다른 곳을 적극적으로 찾아야 한다.

허바드 대사와 그레이브스는 내 말을 주의 깊게 듣는 것으로 보였다.
그러나 그 뒤에도 미국 쪽의 입장은 사실 변하지 않았다. 계속해서 신축
계획을 추진하겠다는 뜻이 언론을 통해 전해졌다. 이 때문에 그 자리가
진지한 토론을 목표로 했다기보다는 일방적인 홍보를 목표로 했다는 생
각을 지울 수가 없다. 허바드 대사와 그레이브스는 아마도 참석한 한국
인들의 한결같은 반대의사에 다소 놀랐을 수도 있다. 그러나 그렇다고
해서 진정한 변화의 조짐은 보이지 않는다.

미대사관저에서 점심모임을 가지고 난 다음날은 미국의 독립기념일
인 7월 4일이었다. 일부러 이날을 택한 것인지는 모르겠지만, 이날 오후
에 대한건축사협회 대강당에서 그레이브스의 초청강연회가 열렸다. 그
러나 이 강연회는 강연회라기보다는 무리한 건축을 강행하려는 미국 쪽
과 이것을 막으려는 한국의 시민운동이 날카롭게 맞선 자리였다. 『시민
의신문』에 이 자리의 모습이 자세히 보도되어(박신용철 기자), 그 내용을
여기에 줄여 옮긴다.

덕수궁 터 미대사관, 아파트신축 반대 시민모임회원 10여 명은
초청강연회장 앞에서 1인시위를 전개해 덕수궁 터 미대사관, 아파
트건립 반대의 뜻을 전했다.

1인시위를 하던 강찬석 시민모임 집행위원장과 강연장으로 들어가던 마이클 그레이브스 교수가 덕수궁 터 미대사관, 아파트 건립문제로 실랑이를 벌였다.

마이클 그레이브스 교수는 덕수궁 터 미대사관, 아파트건립 반대의 정당성을 설명하는 강찬석 집행위원장에게 "현재 미국대사관과 아파트를 건립하려는 지역은 이미 옛날에 미국이 먼저 점령하고 1883년부터 부지를 매입했으며 덕수궁은 그후에 지어졌다"며 "무슨 근거로 덕수궁 터에 유구가 있다며 건립을 반대하느냐?"며 억지주장을 폈다.

그는 또 "미국이 덕수궁 터를 복원해서 무슨 용도의 건물을 지을 것인가?"라고 질문하는 등 덕수궁 터가 간직한 문화유산의 가치에 대해 이해가 없음을 스스로 드러냈다.

…마이클 그레이브스 교수는 덕수궁 터 미대사관, 아파트건립과 관련해 "1년 전 설계의뢰를 받고 2주 반 동안 한국에 체류하면서 스케치를 했다"며 설계계획을 발표했다.

마이클 그레이브스 교수는 "미대사관, 아파트 신축부지는 크게 북쪽의 경기여고 터, 중간의 미국대사관저(1970년 매입), 남쪽 미국공관(1883년 매입하여 현재는 영빈관으로 사용)으로 이루어져 있다"고 설명하면서 "덕수궁 터에 있는 미국공관이 지어진 지 15년 후에 덕수궁이 지어졌다는 사실을 기억해 달라"며 "서방국가 중 미국이 최초로 한국에 미국공관을 세웠다"고 말했다.

그레이브스 교수는 "1948년 주택지를 만들어 직원숙소로 사용하고 있는 건물을 철거하고 새로운 아파트를 신축할 것"이라며 "경기여고 터는 한국정부가 권유해 1984년 사들인 것"이라고 했다.

그레이브스 교수는 또 "정동지역 일대에 아직도 많은 녹지가 남아 있어 인상적이었다”며 “주한 미대사관을 찾는 사람들 대부분이 미국비자를 발급받기 위해 찾아오는 만큼 신축공간에 이들을 위한 안뜰을 마련할 계획”이라고 했다.

질의응답에 앞서 마이클 그레이브스 교수는 국내에서 일고 있는 덕수궁 터 미대사관, 아파트건립 반대여론을 의식해 “정치적 질문을 받지 않겠다”며 “정치적 질문은 주한 미대사관측에 해달라”고 요구했다.

마이클 그레이브스 교수는 강찬석 집행위원장의 “미대사관, 아파트가 신축될 곳이 조선시대 선원전 자리인 것을 아느냐? 덕수궁·선원전 부속건물 지하에 유구가 있다면 어떻게 할 것인가?”라는 질문에 “창덕궁·경희궁 터에서 유물이 발굴되었다고 해서 덕수궁 터에 유물이 발굴된다는 것은 근거가 될 수 없다”며 “미대사관, 아파트신축 프로젝트를 수행하기 위해 13명의 국내학자들에게 참여를 요청했으나 모두 거절했다”며 이들이 거절한 이유가 무엇인지를 되물었다.

강찬석 시민모임 집행위원장은 창덕궁과 경희궁도 원래 유구가 없다고 판단하고 건물을 짓는 도중 지하 15m에서 대량의 유구가 발굴되었다는 사실을 지적하면서 “국민들의 반대여론과 원래 덕수궁 터이기 때문에 문화주권을 찾기 위해 불참한 것”이라며 “반미감정 때문은 아니다”라고 답했다.

이에 대해 마이클 그레이브스 교수는 “MGA가 그리스에서도 프로젝트를 진행하고 있는데 그곳에서도 고고학적 유물이 발굴되고 있어 유물을 발굴·보존하면서 건축을 진행하고 있다”며 “이것은 반미감정 때문”이라고 말했다.

두번째로 질문한 손기찬씨는 “처음에 마이클 그레이브스 교수

양심적 미국인이 스스로 미국인의 정체성을 거부하는 이유를 미국은 진지하게 받아들여야 한다.
반전시위에 참여한 한 미국인(2003. 2. 15)

초청강연회가 있다고 해 참석했는데 미대사관 건축계획 설명을 듣
고 홍보의도가 있는 강연회가 아닌가 하는 생각이 든다”며 “그레이
브스 박사가 덕수궁 터 미대사관, 아파트건립계획을 말하면서 신
축예정지 뒤편의 고층건물을 거론하는데 그 고층건물과 덕수궁 터
미대사관, 아파트신축과는 아무런 관계가 없다”고 반박했다.

　신기찬씨는 신축될 미대사관에 미국비자를 받기 위해 출입하는
사람들을 위해 안뜰을 마련한다는 계획에 대해 “한미관계에서 과
연 한국국민들이 자유롭게 미대사관을 출입할 수 있을 것 같은가”
라고 말했다.

　마이클 그레이브스 교수는 “대사관 구내는 보안상의 문제로 진
입이 자유롭지 못한 것은 전세계 모든 지역에서 마찬가지”라며 “미
국이 한국에서 위협당하고 테러를 당하고 있는 이상 어쩔 수 없다”
고 했다.

이 기사에서 잘 알 수 있듯이 그레이브스는 그저 ‘기술자’일 뿐이다. 그
는 건물이 들어설 땅의 역사성을 무시하며, 이 문제를 지적하는 것에 대
해 시종 ‘반미감정’을 들먹였다. 반미감정 때문에 자기가 애써 설계한 멋
진 작품을 받아들이려 하지 않는다는 것이다. 결과적으로 이 강연회는
우리의 역사에 대한 미국 쪽의 불충분한 이해를 고스란히 드러낸 자리
가 되었다.

　그러나 이 강연회에서 우리가 다시금 반성해야 할 것도 물론 있다. 그
레이브스가 자신의 계획을 합리화하기 위해 끌어들이고 있는 주위의 고
층건물들이 이곳의 전체적인 경관과 정취에 미치고 있는 부정적인 영향
이 그것이다. 미국정부는 주위가 이미 심하게 파괴되었는데, 왜 우리만
큰 건물을 새로 짓지 못하도록 하느냐고 따져 묻는다. 그 건물들은 파괴

적 시대의 산물이다. 우리는 그런 시대가 더 이상 지속되지 못하도록 하기 위해서도 미대사관의 신축계획은 바뀌어야 한다고 생각한다. 더욱이 미대사관저와 옛 경기여고 자리는 지금의 덕수궁과 바로 이웃해 있는 곳이다. 이곳에마저 거대한 건물들이 들어선다면, 경운궁의 복원은 완전히 꿈이 되어버릴 것이며, 덕수궁은 미대사관과 영국대사관으로 둘러싸인 자그마한 정원이 되어버리고 말 것이다.

상대의 잘못을 들춰서 자기의 잘못을 합리화하려고 하는 것은 별로 좋은 토론방법이 아니다. 미국정부는 우리의 잘못을 바로잡는 데 이바지할 수 있다.

진정 부끄러운 것

한 아나운서가 미군부대 안으로 밀고 들어가서 미군의 사과를 요구하는 시위를 하는 대학생들을 보고 '부끄럽다'고 했다가 맡아하던 방송을 그만두게 된 일이 일어났다. 그 아나운서는 왜 부끄럽다고 했을까? 그녀의 해명대로 단순한 '실수'로 보기에는 도무지 앞뒤가 맞지 않는다. 대학생들이 미군부대로 밀고 들어가서 미군의 사과를 요구한 것이 과연 부끄러운 일일까?

군사적인 면에서 한국과 미국이 명백히 불평등한 관계를 맺고 있다는 것은 어느 모로 보나 분명하다. 흔히 소파(SOFA)로 불리는 '한미주둔군지위협정'보다 이 사실을 더 잘 보여주는 것은 없다. 이 나라에서 주한미군의 지위는 단순한 우방국이 아니다. 소파에 의해 이 나라에서 주한미군은 확실히 우월적 지위를 누리고 있다. 이로부터 전국의 곳곳에서 수많은 사람들이 오래 전부터 온갖 고통에 시달려왔다.

소파는 주한미군에게 무소불위의 특권을 부여하고 있다. 그것은 주한미군에게 일종의 면죄부를 주고 있기도 하다. 한강에 독극물을 쏟아버리도록 지시한 미군속도, 동두천의 유곽에서 할머니 매춘부를 심하게 구타해서 죽인 미군도 모두 그냥 미국으로 돌아갈 수 있었다. 그리고 미선이와 효순이를 죽인 미군들도 결국 아무 일도 없었다는 듯이 미국으로 돌아갔다. 이 모든 것은 소파에 따라 '정당하게' 이루어졌다. 미선이와 효순이의 죽음은 결코 우연이 아니었다. 소파가 어여쁜 두 여중생을 죽인 것이다.

'살인미군 무죄재판 쇼'에 대한 분노가 하늘을 찌르자, 주한미군과 미국정부는 비로소 대책을 세우기 시작했다. 그러나 그 대책은 어디까지나 '잘못을 인정하는 척'하는 데 그치는 것이었다. 허바드 대사와 주한미군사령관이 공동으로 발표한 부시 대통령의 사과는 미국정부의 공식적인 사과가 아니라 한국인들만을 대상으로 한 '거짓사과'였다.

문제의 근원인 소파에 대한 미국정부의 태도는 여전히 야만의 상태에 머물러 있다. 럼스펠드 국방장관은 소파를 절대 개정할 수 없다고 잘라 말했다. 이게 도대체 무슨 소리인가? 소파를 개정하지 않고 주한미군의 문제를 어떻게 해결할 수 있다는 것인가? 결국 앞으로도 이 나라의 땅을 멋대로 이용할 것이며, 앞으로도 이 나라의 사람들에게 큰 고통을 주겠다는 뜻이 아닌가? 소파를 개정하지 않는다면, 기름으로 찌든 용산미군기지를 살릴 수 없다. 소파를 개정하지 않는다면, 한강에 독극물을 쏟아버리는 것을 막을 수 없다. 소파를 개정하지 않는다면, 미군이 제멋대로 벌이는 군사활동을 제재할 수 없다. 소파를 개정하지 않는다면, 미선이와 효순이의 영령을 결코 위로할 수 없다.

대부분의 국민들이 문제의 근원을 잘 알고 있다. 그것은 다름 아닌 불평등한 한미관계이다. 그런데 일부 친미파와 한국정부는 문제의 근원을 호도하고 있다. '살인미군 무죄재판 쇼'에 대한 국민적 비판을 미국법에 대한 몰이해에서 비롯된 감정적 대응이라고 훈계하는 데 이르러서는 주한미군과 미국정부에 대해서보다 더 큰 분노를 느끼지 않을 수 없게 된다. 수사과정과 배심원의 평결에 피해자인 우리는 전혀 참여할 수 없었다. 그런데 재판이 절차대로 진행되었다고 해서 그것이 쇼가 아니었다고 할 수 있는가?

소파를 개정하지 않는 한, 평등한 한미관계를 말하기는 어렵다. 이런 비정상적인 불평등관계야말로 우리가 그리고 미국이 진정 부끄러워해야 하는 것이다. 다행히도 변화의 수레바퀴가 돌기 시작했다. 이번엔, 꼭, 소파를 개정하자.

　주한미군의 문제는 두 종류로 나눠볼 수 있다. 하나는 공간적인 것이고, 다른 하나는 제도적인 것이다. 먼저 공간적인 것은 전국 곳곳에 자리잡고 있는 미군기지와 관련된 것이다. 미군기지는 도시개발을 비롯한 우리의 공간이용에 큰 영향을 미치고 있고, 많은 사람들의 재산권을 크게 침해하고 있으며, 심지어 건강과 생명에 위협을 가하고 있기도 하다. 이 때문에 미군기지는 그 자체로 불평등한 한미관계의 표상으로 여겨지게 되었다. 미군기지의 재배치가 진지하게 검토되고 추진되는 데는 북미관계를 중심으로 한 동북아의 군사전략적 상황의 변화뿐만 아니라 이러한 '내적 문제'가 자리잡고 있기도 하다.

　그러나 주한미군의 문제는 단순히 기지의 재배치로 해결될 수 있는 문제가 아니다. 이것은 중요한 과제로 포함하고 있되, 이것보다 훨씬 더 큰 제도적 문제가 있다. 그 핵심은 말할 것도 없이 '한미주둔군지위협정'이다. 그리고 나아가 '한미상호방위조약'이 문제의 핵심이다. 불평등한 한미관계는 이 조약과 협정을 통해 구체화되고 있으며, 따라서 이 조약과 협정의 전면적인 개정이 이루어지지 않고 평등한 한미관계를 이룰 수는 없다. 미국정부가 이런 사실을 모를 것이라고 생각하기는 어렵다. 다만 기득권을 포기하기가 어려울 뿐일 것이다. 그러나 지난 30~40년 사이에 한국이 이룬 커다란 성과를 염두에 둔다면, 평등한 한미관계를 향한 변화는 피할 수 없다.

　맥아더에서 위컴까지 공통적으로 확인되는 것은 '한국인은 주체가 아니다'는 생각이다. 이로부터 미국이 한국을 '보호'해야 한다는 논리가 만들어졌다. 그러나 이런 생각이야말로 불평등한 한미관계를 낳은 원천이다. 그동안 이런 잘못된 생각을 사회에 널리 퍼트리고 강요하는 방식으로 불평등한 한미관계는 유지되어 왔다. 그러나 이제는 이런 잘못된 생각을 근본적으로 바로잡아야 한다. 그것은 시대의 요청이다.

용산미군기지를 생명의 숲으로

어느새 2003년 3월이 왔다. 기나긴 겨울이 지나가고 새봄이 찾아오고 있는 것이다. 개혁의 기대를 크게 받고 있는 새 대통령의 취임과 함께 한 가지 반가운 소식이 언론을 통해 보도되었다. 주한미군이 용산미군기지를 돌려주겠다는 계획을 밝힌 것이다.

생각해 보면, 용산미군기지는 참으로 불행한 땅이다. 저 멀리 700년 전에 몽고군의 주둔지로 사용되기 시작한 이래 지금까지 외국군의 주둔지로 사용되고 있기 때문이다. 지금의 용산미군기지는 직접적으로는 일제군의 주둔지로부터 비롯되었다. 해방 뒤에 이 땅은 새롭게 태어났어야 옳았다. 그러나 한국전쟁이 벌어졌고, 이 땅은 미군의 주둔지가 되고 말았다.

용산미군기지는 본래 서울의 남쪽 끝자락에 자리잡고 있었다. 그러나 70년대의 강남개발을 계기로 서울의 배꼽에 자리잡고 있는 형국이 되고 말았다. 수도 한복판에 외국군의 대부대가 자리잡게 된 것이다. 이 때문에 용산미군기지는 이 나라의 군사적 식민상태를 상징하는 공간으로 여겨지기도 했다. 용산미군기지를 돌려주겠다는 주한미군의 결정은 평등한 한미관계를 열어가는 시발점이 되어야 할 것이다.

그러나 용산미군기지는 많은 문제를 안고 있다. 2000년 봄에는 '불법호텔건축' 사건이 일어났고, 2001년에는 아파트신축 사건이 일어났으며 또한 용산미군기지의 주한미군은 포름알데히드라는 발암물질을 한강으로 불법방류하고, 기름으로 땅을 오염시켜 놓기도 했다. 돌려주겠다는 계획이 발표된 지금 이 시간에도 용산미군기지에서는 아파트 신축공사와 고가도로 신축공사가 벌어지고 있다. 이 공사들은 즉각 중단되어야

용산미군기지는 서울시민을 위한 생명의 숲으로 다시 태어나야 한다. 용산가족공원(사진│홍성태)

한다.

그리고 기름오염사건에서 잘 드러났듯이 이 땅의 생태적 상태에 대한 면밀한 조사가 바로 시작되어야 할 것이다. 미군기지의 오염은 세계적으로 널리 알려져 있다. 이 땅을 돌려받기 전에 이 땅의 오염상태를 제대로 파악하고 책임을 따지고 대책을 세워야 할 것이다. 시민단체가 참여한 '용산미군기지생태조사단'을 꾸려서 용산미군기지의 상태를 면밀하게 조사하고 정확하게 책임을 가려야 한다.

용산미군기지를 돌려주겠다는 계획이 처음 발표된 것은 아니다. 이미 1989년에 주한미군은 같은 계획을 밝히고 협정서까지 체결했으나 결국 돌려주지 않았다. 이렇게 된 데는 주한미군이 요구하는 이전적지와 이전비용의 타당성이 큰 문제가 되었다. 주한미군은 지금보다 더 넓은 땅을 요구했고, 우리의 계산보다 훨씬 많은 돈을 요구했던 것이다. 같은 잘못이 되풀이되지 않도록 주의해야 할 것이다.

시대가 바뀌었고, 미군기지는 '혐오시설' 취급을 받고 있다. 이 점에서 용산미군기지의 이전은 기존의 주한미군기지들을 통폐합하는 방식으로 이루어져야 한다. 새로운 땅을 이전의 적지로 결정하고 밀어붙이기 방식으로 이전하려 해서는 안 될 것이다. 이전비용도 주한미군 쪽이 일방적으로 책정하고 우리에게 무조건 받아들일 것을 강요해서는 안 될 것이다. 주한미군은 우리만을 위해 이 땅에 주둔하고 있는 것이 아니므로, 이전 및 주둔 비용은 합리적으로 책정되고 분담되어야 옳다.

용산미군기지를 가능한 빠른 시일 내에 돌려주겠다는 주한미군의 계획은 분명히 환영해야 할 것이다. 그러나 우리는 1989년의 계획이 어떻게 무산되었는가를 잊지 않고 있다. 주한미군이 같은 무리수를 다시 두지 않기를 바란다. 나아가 국방부를 비롯한 관련부서들도 주한미군의 눈치를 보는 것이 아니라 국민의 뜻을 헤아리고 협상에 임하기를 바란다. 정부의 담당자들은 이 변화의 역사적 무게를 잊지 말아야 할 것이다.

한편 2003년 1월 26일, 정두언 서울시 정무부시장은 용산미군기지를 되돌려받으면 이곳에 서울시 청사를 새로 건립하겠다는 계획을 철회하고, 이곳을 모두 숲으로 조성하겠다는 뜻을 밝혔다. 이곳을 '자연숲'으로 만드는 것이야말로 이곳을 가장 공적인 방식으로 활용하는 것이며, 극심한 생태파괴에 시달리는 서울의 생태적 재생을 도모할 수 있는 길이다. 빠른 시일 내에 이를 위한 구체적인 연구가 시작되기를 바란다.

지난 2000년 봄부터 문화연대는 용산미군기지를 돌려받아 이곳을 '문화생태공간'으로 만들자는 운동을 펼쳐왔다. 이 구상의 핵심은 용산미군기지를 '자연의 숲'으로 만드는 것이다. 이 넓은 땅이 늠름하게 자란 나무들로 가득 찬 아름다운 숲으로 바뀐다면, 서울은 생태적으로 되살아날 수 있는 길을 찾게 될 것이다. 이곳은 서울의 생태적 회생을 상징하는 '생명의 숲'이 될 것이다.

2002년 봄에 세계 215개 도시를 대상으로 '삶의 질'을 조사한 한 조사 결과에 따르면 서울의 전체적인 순위는 93위로 나타나, 서울이 얼마나 척박한 도시인가를 보여주었다. 이것만으로도 서울의 수준을 잘 알 수 있지만, 환경의 질을 고려한 순위는 더욱더 끔찍하여 무려 157위였다. 서울은 격렬한 생존투쟁의 도시일 뿐, 아름답고 평화로운 생활을 영위할 수 있는 도시는 아닌 것이다.

용산미군기지를 돌려받아 이곳을 '자연의 숲'으로 바꾸게 된다면, 서울의 이러한 척박성은 크게 개선될 것이다. 이 숲은 우리가 지나온 파괴적 개발의 시대를 되돌아보고 반성하게 되는 계기를 마련해 줄 것이다. 시민들은 이곳에서 자연을 호흡하면서 자연의 소중함을 가슴깊이 느끼게 될 것이다. 서울은 격렬한 생존투쟁의 도시에서 자연을 느끼고 살아가는 진정한 삶의 도시로 바뀌게 될 것이다.

진정한 세계적 도시가 되기 위해서 서울에서 가장 절실한 것은 자연이다. 지금 서울은 회색 시멘트도시이다. 숲을 늘려가겠다는 서울시의 정책은 아주 올바른 것이다. 뚝섬을 숲으로 만들겠다는 계획에 이어 용산미군기지를 모두 숲으로 만들겠다는 구상이 발표된 것은 서울시의 진정한 발전을 위해 참으로 다행스러운 일이 아닐 수 없다.

세계적인 수준에서 보자면, 이러한 변화는 사실 많이 늦은 것이다. 서울시는 계획을 구체화할 수 있는 노력을 본격적으로 기울여야 한다. 문화연대를 포함한 많은 시민단체들이 서울시의 진정한 발전을 위한 이 계획이 제대로 실현될 수 있도록 적극적으로 참여할 것이다. 반미가 파괴된 문화와 자연을 되살리는 생명의 요청이기도 하다는 사실을 용산미군기지의 생태문화적 재생은 잘 보여줄 것이다.

남산의 울창한 숲은 그저 보고 있기만 해도 기분이 좋아진다. 살아 있는 숲의 힘이다. 그러나 남산은 완전히 살아 있는 숲이 아니라고 한다. 무엇보다 큰 짐승이 살 수 없기 때문이다. 몇 해 전에 고라니 네 마리를 놓아주었는데, 그만 다 죽었다고 한다. 그 까닭은 먹이가 모자라서가 아니라 물이 모자라서이다. 왜 남산에 물이 모자라는가?

잘 알다시피 남산은 중턱부터 확실하게 개발되어 있다. 순환도로가 뚫려 있고, 그 아래로는 주택가가 들어서 있다. 이 때문에 남산에는 물이 고여 있을 수가 없다. 비가 내린 뒤에나 잠깐 계곡에 물이 흐르고 곧 사라져 버린다는 것이다. 산마루에서 산중턱을 거쳐 산자락에 이르기까지 생태적으로 연결되어 있어야 산이 산으로 살아날 수 있는데, 우리의 남산은 그렇지 않은 것이다.

용산미군기지를 돌려받아 이곳을 숲으로 가꾸면, 남산이 살아날 가능성도 더 커질 수 있을 것이다. 남산으로 숲이 이어질 수 있도록 한다면,

확실히 남산은 살아날 수 있을 것이다. 남산 전체는 아니더라도 용산미군기지로 이어지는 쪽은 그렇게 될 수 있을 것이다. 이런 점에서 용산미군기지는 서울의 생태적 희망이다. 척박한 시멘트문화를 넘어서 싱싱한 생명의 문화를 일구는 것이 서울의 가장 절박한 문화적 과제라는 점에서 보자면, 용산미군기지는 서울의 문화적 희망이기도 하다.

삼각지에서 이태원으로 이어지는 길은 땅 밑으로 들어가야 할 것이다. 이렇게 해서 남북으로 갈라진 용산미군기지는 하나의 땅으로 이어질 것이다. 동작대교의 북단으로 이어지는 길도 땅 밑으로 들어가야 할 것이다. 그렇게 하지 않으면, 용산미군기지는 동서로 갈라지고 말 것이다. 서울의 생태적·문화적 회생이라는 관점에서 용산미군기지의 변화를 꿈꾸어야 한다. 자동차와 시멘트를 중심으로 용산미군기지의 활용을 모색하는 것은 서울의 생태적·문화적 희망을 다시 한번 짓밟는 것이다.

'살고 싶은 서울' 만들기와 미국

작년이었던가, 주한미군 TV방송을 보다가 어떤 광고프로그램을 보게 되었다. 그것은 한 병사가 푸념을 늘어놓는 장면으로 시작된다. "이 나라엔 볼 것도 없고, 놀 것도 없고, 갈 곳도 없어요." 그러니 다른 나라, 예컨대 일본으로 보내달라고 떼쓰는 병사인 모양이었다.

이 광고는 이렇게 한국에 적응하지 못하는 병사들더러 상담원을 찾아가 적극적으로 상담할 것을 권하기 위해 만들어진 것이었다. 한편으로 생각하면 이런 광고가 만들어진 사정은 충분히 이해가 되기도 한다. 정말 이 나라는 얼마나 더럽고 험하고 거친가? 그러나 또 한편으로 생각하면 주한미군의 자기중심적 사고가 너무도 마음에 들지 않는다. 당신들의 횡포 때문에 우리가 얼마나 많은 고통을 겪고 있는지 정녕 모르는가? 독자 여러분은 이와 관련해 최근에 출간된 『끝나지 않은 아픔의 역사: 미군범죄』를 꼭 보시기 바란다.

그동안 주한미군문제는 주로 군사·정치적 차원에서 다루어져 왔다. 사실 우리의 안보상황에서 미군이 차지하는 비중은 예나 지금이나 결정적이다. 그러나 바로 그 때문에 주한미군은 우리에게 많은 해악을 끼쳤다. 무엇보다 독재정권의 든든한 후원자 구실을 함으로써 이 땅에서 민주주의가 커나가는 것을 오랫동안 방해하였다. 그 대가로 주한미군은 이 땅에서 초법적 존재로 군림할 수 있었다. 이 때문에 주한미군이 극악한 범죄를 저질러도 우리는 우리 법에 따라 처벌할 수 없었고, 우리의 땅과 물과 공기를 멋대로 사용하고 오염시켜도 그 실태조차 파악할 수 없었다. 불행하게도 이런 상황은 지금도 계속되고 있다. 그 좋은 예가 '살고 싶은 서울 만들기'에 대한 미국의 부정적 영향이다.

다카키 마사오(박정희)의 파괴적 근대화과정에서 서울은 완전히 망가지고 말았다. 정도 600년을 아무리 외쳐봐야 서울은 변변한 공원 하나 제대로 갖추지 못한 사나운 도시일 뿐이다. 그러므로 주한미군 병사들이 일본으로 보내달라고 떼를 쓰는 것도 무리가 아니다. 그러나 서울이 면목을 일신하지 못하는 데는 주한미군의 오만방자한 태도가 큰 영향을 미치고 있다. 도대체 세계 어느 나라의 수도 한복판에 외국군 대부대가 주둔하고 있단 말인가? 주한미군은 서울 한복판의 100만평이나 되는 땅을 수십년간 차지하고 있다. 주한미군은 이 땅을 1996년까지 서울시에 돌려주기로 했지만, 실제로는 돌려주지 않기로 작정한 듯이 억지주장을 하고 있다. 이 땅은 미군을 위한 '서울 속의 유토피아'가 아니라 시민을 위한 '서울의 센트럴파크'가 되어야 할 곳이다. 지난 10년간 이 나라에도 적지 않은 변화들이 있었건만, 주한미군은 자신을 여전히 과거 군사독재 시절의 초법적 존재로 여기는 듯하다.

미국이 서울의 발전을 가로막고 있는 또 다른 주요한 지역은 세종로이다. 이곳은 경복궁 복원을 계기로 서울을 대표하는 역사·문화 공간으로 거듭나야 할 곳이다. 과천의 국립미술관은 호텔 등으로 재개장하고 세종로의 미국대사관 일대를 국립미술관으로 조성해야 한다. 이렇게 되면 경복궁의 좌우 앞쪽으로 세종문화회관과 국립미술관이 자리잡게 된다. 이와 함께 광화문 앞길을 보행자광장으로 조성하면 이 일대는 명실상부한 서울의 대표적 역사·문화 공간이 될 것이다. 서울이 이처럼 멋있게 거듭나기 위해서는 우선 미국이 대사관을 하루빨리 다른 곳으로 완전히 이전해야 한다.

물론 이 두 가지 사업이 이루어진다고 해서 서울이 갑자기 살고 싶은 도시가 되지는 않을 것이다. 그러나 역사와 문화와 생태의 면에서 서울은 지금보다 훨씬 더 나은 곳이 될 것이다. 미국은 왜 이런 변화를 가로

미대사관 신축 예정부지에 나붙은 경고판(사진│홍성태)

막고 있는가? 미국은 왜 쾌적하고 아름다운 삶에 대한 시민의 열망을 가로막고 있는가? 미국이여, 그대의 눈에는 아직도 우리가 '들쥐떼'로 보이는가?

서울의 곳곳에 미군기지가 자리잡고 있던 때에 비하자면 지금은 아주 다른 시대가 되었다고 할 수도 있을 것 같다. 변화는 분명히 있었다. 그리고 이런 변화는 지금도 계속되고 있다. 그러나 여전히 해결해야 할 문제가 있는 것도 분명하다.

2002년에 미국정부는 미대사관과 직원숙소의 이전계획을 밝혔다. 서울의 상징거리인 세종로에 미대사관이 자리잡고 있어서 많은 문제가 빚어지고 있기 때문에 미국정부도 사실 오래 전부터 이전하려고 했다. 미대사관의 이전은 세종로를 실질적인 서울의 상징거리로, 나아가 서울을 시대의 변화에 걸맞은 문화도시로 만들기 위한 핵심적인 사안이다. 이런 점에서 미국정부가 미대사관의 이전계획을 적극적으로 추진한 것은 일단 그 자체로는 바람직한 일이라고 하지 않을 수 없다.

그러나 그 구체적인 계획은 우리로서는 도저히 받아들일 수 없는 것이다. 정동의 경운궁 터에 미대사관과 직원숙소를 짓겠다는 것이기 때문이다. 서울은 '문화도시'라는 목표를 추구하고 있거니와, 이 목표에는 경운궁의 복원이라는 과제가 반드시 포함되어야 한다. 이런 점에서 보자면, 정동의 미대사관저와 옛 경기여고 터까지도 반환의 대상이다.

2003년이 되어 미국정부는 용산미군기지를 이전하겠다는 뜻을 밝혔다. 예전에는 서울의 변두리였으나 이제는 서울의 한복판이 되어버린 땅에 외국군의 대부대가 주둔하고 있는 것은 어느 모로 보나 적절하지 못하다. 우리로서는 대단히 유감스러운 일이고, 미국정부로서도 상당히 부담스러운 일임에 틀림없다. 이 때문에 이미 1989년에도 용산미군기지의 이전계획이 발표되었으나, 협상은 결렬되었고 용산미군기지는 아직도 건재하다. 그리고 협상이 결렬되고 10년의 시간이 지나서 다시 협상을 시작하게 되었다.

용산미군기지의 이전과 관련된 쟁점은 많다. 그중에서도 크게 세 가지 문제에 대해 살펴볼 필요가 있다. 먼저 비용의 문제가 있다. 주한미군 쪽은 한국정부가 요청해서 미군이 주둔한 것이기 때문에 이전비용은 모두 한국에서 부담해야 한다고 주장한다. 그러나 미군이 이 땅에 주둔하고 있는 것은 단지 우리가 요청했기 때문만은 아니다. 그것은 자국의 이익을 위한 전략의 일환이기도 하다. 그러므로 미군은 당연히 주둔비용과 이전비용을 분담해야 할 것이다. 무리한 요구로 협상을 어렵게 하는 것은 결코 '우방'의 태도가 아니다. 다음에, 이전지의 문제가 있다. 전에 주한미군 쪽은 용산미군기지보다 더 넓은 땅을 요구했다. 그렇지 않아도 미군기지가 일종의 혐오시설로 여겨지고 있는 마당에, 아니 심각한 문제시설로 여겨지고 있는 마당에, 이런 요구는 결코 받아들일 수 없는 것이다. 이런 실정을 감안한 정말로 현실적인 계획을 세워야 한다. 셋째, 이전협상의 과정을 가능한 한 공개해서 밀실결정이 이루어지지 않도록 해야 한다. 물론 군사시설로서 비밀을 지켜야 할 필요도 있다. 그러나 그것이 시민의 삶에 미치는 여러 영향들을 고려하면, 당연히 협상의 과정에 시민이 참여하고 감시하고 비판하고 의견을 제시할 수 있도록 해야 한다. 우리는 이미 그런 시대에 살고 있기도 하다. 시민의 권리를 무시하고 안보와 동맹을 내세우는 것은 시민의 반발을 살 수밖에 없다.

고도성장과 민주화를 이룬 한국은 옛날의 가난하고 독재에 시달리던 한국과 크게 다르다. 주한미군을 둘러싼 지금의 모든 논란과 갈등은 이런 변화에 뿌리를 대고 있다. 그것은 이를테면 '문화도시 서울'이라는 새로운 문화적 욕망과 동떨어져 있는 것이 아니다. 미대사관도 용산미군기지도 이런 시대적 변화에 따라 중대한 사회문제로 떠오르게 되었다. 미국정부도 한국정부도 이런 사실을 정말 잘 알고 시대적 변화에 걸맞은 계획을 세우고 추진해야 할 것이다.

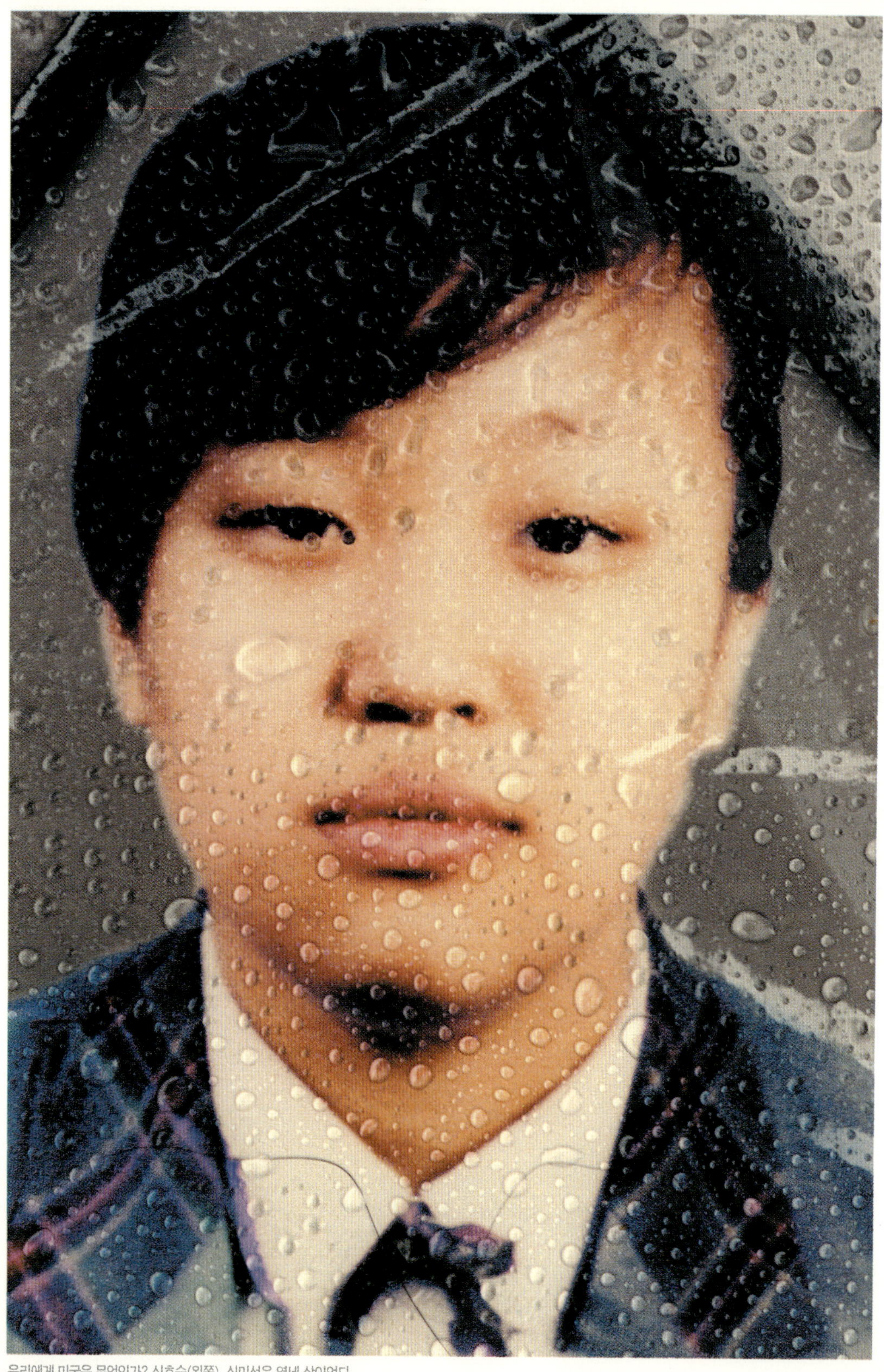

우리에게 미국은 무엇인가? 신효순(왼쪽), 심미선은 열네 살이었다

미국은 깨달아야 한다

대다수 미국인들은 대단한 애국자들이다. 그들은 할리우드 영화가 가르쳐준 대로 미국을 잘사는 나라이자 이 세상의 질서를 지켜주는 착한 나라로 여기고 있다. 반면에 그들은 다른 나라에서 끊임없이 벌어지는 반미시위의 원인을 잘사는 자신들에 대한 가난한 자들의 질투나 착한 자신들에 대한 못된 악마의 사주 때문이라고 생각한다. 과연 그런가?

미국은 세계 최대의 오염국가이다. 미국의 인구는 세계인구의 4%를 조금 넘지만, 이산화탄소 배출량은 세계 전체의 18%에 이른다. 다시 말해서 미국은 지구온난화의 주범인 것이다. 미국이 이산화탄소 배출을 적극적으로 규제하지 않는 한, 지구온난화를 완화할 도리는 없다. 그러나 미국은 이를 위한 국제적 노력에 계속해서 찬물을 끼얹어왔다.

미국은 세계 제일의 비만국가이다. 미국에 가보면 쉽게 실감할 수 있는 사실이지만, 전체 인구의 70% 이상이 이미 비만상태에 있다. 그런데 이 현상의 바탕에는 지구적 불평등구조가 자리잡고 있다. 예컨대 미국인 한 명이 소비하는 열량으로 340명 이상의 에티오피아 사람들을 먹여 살릴 수 있다.

미국은 세계 유일의 전쟁국가이다. 미국은 끊임없는 전쟁을 통해 건국되었으며 그 부를 축적해 왔고 지금의 상태를 유지하고 있다. 미국은 지구 전역에서 막대한 자원을 입수하기 위해 끊임없이 전쟁을 벌어야 했고, 그 결과 세계에서 가장 많은 무기를 생산하고 수출하는 나라가 되었다. 전쟁은 미국의 부를 유지하고 확장하는 가장 확실한 수단이다.

미국의 부시 대통령은 아버지 부시의 뒤를 이어 이라크와 전쟁을 벌이고 말았다. 말이 전쟁이지 사실은 일방적인 공격이고 파괴이다. 부시가 대를 이어가며 이라크인의 원수가 되려는 이유는 두 가지다. 먼저, 더 많은 석유자원을 확보해서 세계최대의 오염국가이자 세계 제일의 비만국가라는 오명을 유지하려는 것이다. 또 하나는, 전쟁국가 미국의 한 축인 군수산업의 호황에 이바지하려는 것이다.

눈을 돌려서 이 나라의 현실을 보자. 미국은 50년 전에 체결된 불평등조약을 개정하자는 한국인들의 요구를 철저히 무시하고 있다. 50년 전에 이 나라는 가난하기 짝이 없는 농업국가였고, 동족상잔의 전쟁으로 말미암아 온 나라가 만신창이가 되어 있는 상태였다. 이런 상태에서 미국은 늙은 독재자 이승만을 구슬려 명백히 불평등한 한미상호방위조약과 한미주둔군지위협정(SOFA)을 맺었다.

그러나 50년의 세월이 지나면서 한국은 고도 공업사회로 대변신했고, 한국인은 미국이 후원한 독재정권에 맞서서 민주화를 이루었다. 한마디로 시대가 바뀐 것이다. 그런 만큼 한국과 미국은 종래의 불평등한 관계를 청산하고 시대의 변화에 걸맞은 평등한 관계를 맺어야 한다. 소파의 전면적인 개정이 그 실질적인 출발점이라는 것은 다시 말할 필요가 없다. 미국정부가 자국의 이익을 위해 이런 사실을 부정하고 있을 뿐이다.

반미시위에 대한 미국정부의 태도를 보노라면, 남을 속이기 위해서는 먼저 자신을 속여야 한다는 말이 떠오른다. 대다수 미국인들의 생각과 달리, 반미시위의 원인은 미국 자신에게 있다. 미국이 지금의 사회구조와 생활방식을 바꾸지 않는다면 반미시위는 언제까지고 계속될 수밖에 없다. 미국은 오염국가, 비만국가의 현실을 유지하기 위해 전쟁국가가 되지 않을 수 없기 때문이다. '미국에 반대한다'는 것은 오염국가, 비만국가 그리고 전쟁국가 미국에 반대한다는 것이다. 이런 점에서 반미운동은 환경운동이고 평화운동이다. 그리고 한국에서 그 핵심적인 과제는 소파의 개정이다. 미국은 이런 사실을 깨달아야 한다. 참으로 회개해야 한다.